新
おとめ六法

NEW
ROPPO
OTOME

上谷さくら
Illustrations
by Caho

KADOKAWA

JN038535

KADOKAWA

You are worthy of love and affection.

You are beautiful, you are smart,

you are kind, you are unique. You deserve more.

No matter the challenge,

you don't have to face it alone.

はじめに

「法律は知っている人しか守ってくれません」

　これは、私が講演などで、最後にお話ししていることです。
　法律を知らないと、自分の利益を逃したり、被害者なのにそれに気づかなかったりします。時間が経ってから気づいたときにはもう遅かった……と涙にくれる人たちを多く見てきました。

　ただし、専門家と同じくらいの知識が必要というわけではありません。「これはなにかおかしい」「なんらかの法律があるのでは？」と気づくことができれば、その後は、弁護士などの専門家に相談に行けばいいのです。

　「弁護士」というととても敷居が高く感じたり、高額な相談費用がかかると不安になったり、「この程度のことで弁護士なんて大げさだ」と考えたりして、身近に感じられない人も多いでしょう。

　「いざ」というときに、弁護士をいちから探すのは大変です。
　日頃から、ちょっと困ったときになんでも相談できる「かかりつけ医」のような存在になってくれる弁護士をぜひ探してください。

　今後もAIの発達などにより、急激に世の中が変わっていくと思われます。法律もどんどん変わるでしょう。
　もし、必要な法律がないときは、「これはおかしい」と気づき、声を上げることが、新たな立法につながります。
　立法を行う国会は、国民の代表者が集まり、国民の多数意見を反映する場所だからです。

みなさんの「生きやすい」世の中を作るために、「法律を知る」ことについて考えてみてください。

　本書は2020年に刊行した『おとめ六法』を元に、2023年の刑法改正などを受けてパワーアップさせました。『新おとめ六法』というタイトルですが、「女性向け」というわけではありません。あらゆる性別の人にあてはまる話がほとんどです。

　妊娠など女性特有の問題もありますが、それが「女性だけの問題」でないことは明らかです。どんな立場の人でも理解すべきことだからです。

　それでも「おとめ」という言葉を使ったのは、世の中が変わる中でも、女性が弱い立場にあることが、まだ多いからです。

　私が弁護士としてさまざまな相談を受ける中で、多くの人にあてはまると思われること──「恋愛」「SNS・インターネット」「子ども」「くらし」「しごと」「結婚」の6つを、ライフステージごとにまとめました。

　「私が悪いんです」「法律を知っていればこんなことにはならなかった」という後悔や自責の念をたくさん聞いてきました。

　あなたが本当に悪かったのでしょうか？　なにか変だと感じていませんか？少しでも気になったらぜひ相談してほしいです。

　本書がその「気づき」になりますように。

弁護士　上谷さくら

法律を知る意味って？

法律って難しいですよね？

知らなくても生きていけますよね？

そんな声をよく聞きます。

確かに法律は難しい側面があるかもしれません。ただし、知らなくても生きていけるか？　というと「たぶん違います」という答えになると思います。

法律とは、国民の権利や義務について、国が決めたルールです。

法律の意味について、法務省は、子ども向けのホームページでは「ひとりひとりが、お互いの個性を認め合い、協力し合いながら生きていくためのルール」と紹介しています。

つまり、国民にはどのような権利や自由があり、また守らなければならない義務があるのかを明らかにして、それを守ることで誰もが自由に活動し、生活をより豊かにしていくための決まりごと、ということです。

法律には「**公法**」と「**私法**」があり、「**公法**」は、国や自治体と私人との関係を定めたもの、「**私法**」は、私人間の関係を定めたものです。

「**公法**」のひとつに、「**刑法**」があります。

刑法には、どのようなことをしたら犯罪になり、その場合にどのような刑になるのか、ということが定められています。

例えば、窃盗罪は、刑法第235条で、

> 他人の財物を窃取した者は、窃盗の罪とし、10年以下の懲役、
> または50万円以下の罰金に処する

と定められています。

窃盗罪の犯人を逮捕、起訴する手続き等を定めたのが「**刑事訴訟法**」です。

裁判で有罪となり、刑務所に入ると「**刑事収容施設および被収容者等の処遇に関する法律**」が適用されます。

それぞれの段階について、法律があるのです。

　また、「私法」のひとつに、「**民法**」があります。

　民法は、私人間の生活の基礎となるルールが定められています。例えば、売買、賃貸、損害賠償、結婚、相続などです。

　刑法や民法以外にも、人が生まれてから亡くなるまでのあらゆる場面について、法律が定められています。

　人が産まれると、役所に出生届を提出します（**戸籍法**）。

　親が仕事を休んで子育てに専念する「育休」は、**育児・介護休業法**に定めがあります。

　幼い頃はたくさんの予防接種を受けますが、これは「**予防接種法**」が根拠です。

　幼稚園から大学まで、学校に関する定めは「**学校教育法**」です。

　社会人になり、仕事をするようになると、「**労働基準法**」が重要です。

　老後に備える年金は、「**国民年金法**」「**厚生年金保険法**」などがあります。

　亡くなった後のお墓に関することは「**墓地、埋葬等に関する法律**」です。

　これらはほんの一部です。

　予防接種や入学などは、役所から連絡が来るので、法律を知らなくても生きていけるかもしれません。

　しかし、役所が教えてくれないようなこと——たとえば、**損害賠償の時効期間（民法第166条、第724条など）**を知らなければ、請求できたものが得られないことになります。

　このように、法律を知ることは、よりよい人生を送るうえで武器になるのです。

CONTENTS

もくじ

Chapter 1
恋愛のトラブルと法律

Chapter 2
SNS・インターネットのトラブルと法律

Chapter 3
子どものトラブルと法律

Chapter 4
くらしのトラブルと法律

Chapter 5
しごとのトラブルと法律

Chapter 6
結婚のトラブルと法律

HOW TO USE

本書の見方
（みかた）

本書における「六法」について

「六法」とは、もともと、日本国憲法、刑法、民法、商法、刑事訴訟法、民事訴訟法の6つの法律を指します。「六法」という名前のつく本は、これらの6つにかぎらず、それぞれの分野に関わる法律をまとめた本です。

本書では、DV防止法、ストーカー規制法、著作権法、軽犯罪法、男女雇用機会均等法……など、「六法」以外の法律や条例、さらには条約の中から多くを選んで掲載しています。

現実には、「六法」以外の法律等が多く活用されていることから、人々の毎日を守る大切な法律等を幅広く網羅しました。

各法律について

本書に掲載されている法律は、特に断りのないかぎり、2024年3月現在の内容に基づきます。

各条文は、事案に関係の深いものを選定し、読みやすく掲載しています。

条文の正確な内容が知りたい場合、電子政府の総合窓口「e-Gov（イーガブ）」の参照をおすすめします。

一部、完全な正確さより、わかりやすさを優先した表現に置き換えています。

法律の選定や解説などについては、トラブルにあっている人の気持ちに寄り添うという観点から、著者の責任において編纂しています。

本書の読み方

多くの人が遭遇する可能性のあるトラブルについて、シーンごとに章を分けています。

トラブルに最も関係の深い条文はイラスト下部で紹介し、その内容については「解説」で説明しています。

実際にアクションを起こしたいときにどうすればいいのかは、「手続き」に記載しています。また、よくあるトラブルについて「事例」として紹介しています。

そのほか重要な説明は「ポイント」、関連する重要な条文は「関連条文」に記載しました。

· RELATIONSHIPS ·

Chapter **1**

恋愛
のトラブルと法律

TROUBLE CASES　　　AND　　　LEGAL TIPS

幸せになる権利、自由である権利

自分の幸せは自分で決める

あなたを守る法律

(憲法) 第13条　幸福追求権

すべて国民は、個人として尊重される。生命、自由および幸福追求に対する国民の権利については、公共の福祉に反しない限り、立法その他の国政のうえで、最大の尊重を必要とする。

解説 誰もが持っている幸福を追求する権利

憲法第13条は、憲法の中でも特に重要な条文です。ここには次の2つのことが書かれています。

- 国民は個人として尊重されること
- 国民が幸福を追求する権利は最大限尊重されること

憲法には「表現の自由」や「裁判を受ける権利」など、重要な人権についての個別規定があります。しかし、あらゆる自由や権利を網羅的に定めることはできません。時代の流れによって、人権意識も変わるので、新しい自由や人権も生まれます。それに対応するのが憲法第13条の幸福追求権で、「憲法に列挙されていない新しい人権の根拠となる一般的かつ包括的な権利」と解されています。

解説 人権は時代とともに〝進化〟する

これまで最高裁が認めたといえる新しい人権には、「プライバシー権」「自己決定権」があります。
プライバシー権は、「一人で放っておいてもらう権利」「私生活上の情報を暴露されない権利」「自己に関する情報をコントロールする権利」などと説明されます。

プライバシー権ってなに？ ➡ P.80

自己決定権は、個人的なことについて、公権力から干渉されることなく自分で決めることができる、という権利です。
具体的には、恋愛や結婚、妊娠、出産などの性や家族のあり方に関するもの、服装や髪型などのライフスタイルに関するもの（これは憲法第21条「表現の自由」でも保障されます）、安楽死や治療方法の選択などの生命・身体に関するものなどが挙げられます。
たとえば、恋愛や結婚は、公権力から強制されてはならない事柄です。「この人と交際してはいけない」「Aさんではなく、Bさんと結婚しなさい」などと強制されたらどう感じるでしょうか。こうしたことは、自分で決めることですね。最近は「同性婚」を認めないことが憲法違反だと主張する訴訟が相次いでいます。時代とともに、同性婚が法的に認められる日も遠くないかもしれません。

恋人を暴力であやつるデートDV

わたしは
あなたのお人形さん
じゃないの

解説 恋人間で起こるさまざまな暴力

デートDVとは一般的に、「交際中の恋人間で行われる暴力」といわれます。**デートDVそのものを直接規制する法律はありません。**しかし、内閣府男女共同参画局が掲げる「主な政策」に「女性に対する暴力の根絶」があります。ここにデートDVも含まれ、国を挙げて根絶すべきこととされています。また、被害にあった際は、いろんな法律で守られる場合があります。

「暴力」のかたちはさまざまで、主に次の5つの類型に分けられます。

- 身体的暴力……殴る、蹴る、髪を引っ張る、物を投げつける　など
- 精神的暴力……大声でどなる、無視する、人前でバカにする　など
- 性的暴力……望まない性交渉を強要する、嫌がっているのに裸の写真を撮る、避妊に協力しない　など
- 社会的制限（行動制限）……携帯電話などを細かくチェックして行動を監視する、友人との付き合いを制限する、一緒にいないときは細かく行動を報告させる　など
- 経済的暴力……お金を借りたのに返さない、仕事をやめさせる　など

殴る・蹴るなどの暴力のほか、髪の毛をつかんだり、机を手で叩いて大きな音を出したりする。怒って包丁を突きつけたりする。物を投げつけたり、目の前で壊したりすることもある。

殴る・蹴るなどは「直接的な身体的暴力」で、刑法の傷害罪や暴行罪にあたります。髪の毛をつかむことも暴行罪になりえます。包丁を突きつけるような危険な行動は、暴行罪や脅迫罪の可能性が高いでしょう。机を手で叩いて大きな音を出したり、物を投げつけたり壊したりする行為も、そのときの様子や回数によっては、暴行罪になります。たとえ突きつけた包丁が体に触れなくても、投げた物が体に当たらなくても同じです。

「ブス」「バカ」など傷つけるようなことを言う。他人の前で「こいつはなにもできないやつ」と見下す発言をする。別れ話をすると「別れたら死んでやる」「一生つきまとってやる」と言ったりする。

人格を否定するような悪口を言うと、場合によっては民法上の不法行為にあたります。激しい言い方にかぎらず、冷静に諭すような言い方でも該当します。
あなたの前で「別れたら死ぬ」「一生つきまとう」などと言うことは、刑法の脅迫罪にあたる可能性があります。

自分に対し土下座を強要したり、自分の親族や友人などに「私はダメな人間です」と言わせるなど、屈辱的な行為を要求する行為も精神的暴力の一例で、刑法の強要罪にあたる場合があります。

[刑法] 第223条　強要
1　生命、身体、自由、名誉もしくは財産に対し害を加える旨を告知して脅迫し、または暴行を用いて、人に義務のないことを行わせ、または権利の行使を妨害した者は、3年以下の懲役に処する。
2　親族の生命、身体、自由、名誉、または財産に対し害を加える旨を告知して脅迫し、人に義務のないことを行わせ、または権利の行使を妨害した者も、前項と同様とする。
3　前2項の罪の未遂は、罰する。

嫌だと言っているのに性行為をさせられる。避妊してほしいと言っても協力してくれない。性行為のときに、コスプレをするように命じられるのも嫌でたまらない。「やめて」と言っても行為中の写真や動画を撮る。

合意のない性行為は、すべて性暴力です。たとえ交際相手であっても、場合によっては刑法の不同意性交等罪や不同意わいせつ罪となり、とても重い罪が科せられます。

安心できる関係づくり

内閣府男女共同参画局では、安心できる関係づくりを行ううえで、次のような項目を考えるよう提案しています。

- 意見が違ったとき、安心して互いの意見を伝え合い、相談できる
- 2人の時間だけじゃなく、自分や相手のプライベートな時間も大切にできる
- 嫌なことについては、「NO」と言える。相手が嫌がることはしない
- 2人の関係が、「上-下」、「主-従」の関係になっていない

これらがすべてではありませんが、自分にとって心地よい関係と感じられるかどうかは、ともに末永く幸せに過ごすうえで重要なポイントです。
DVの相談には専門家がいます。「DV相談ナビ」など、国でも整備しています。

メッセージの返信が遅れるとキレる。自分が最優先でないと気が済まないようで、友だちとの約束もキャンセルさせられる。デートでは、好みの服装に着替えさせられることもある。浮気を疑って、私の携帯を勝手にチェックする。

恋人を独り占めしたくなる気持ちが起きることもあるでしょう。しかし、行き過ぎると相手の人格権やプライバシーを侵害することになり、侵害がエスカレートするとストーカーになることもあります。嫌だと感じることは相手に率直に説明しましょう。聞き入れてくれない場合は、別れることも考えてみましょう。別れてくれない場合、警察に相談に行くことも検討してください。

自分のことに使えるお金も十分でないのに、いつもデート代は自分が全額を支払っている。さらに、誕生日や記念日には高価なプレゼントを求められる。「お金を貸して」と言われることもあるが、貸しても返してくれたことがない。

金銭感覚は人それぞれ。自分の経済状況やお金に対する価値観を正直に話し、デート代についてのルールを決めることも必要です。
また、恋人間であってもお金の貸し借りはトラブルの元。これ以上は貸せないと思うのなら、きっぱり断ることも大切です。

「故意」と「過失」とは？

わかりやすく日常用語で言うと、「故意」は「わざと」のこと、過失とは「うっかり」のことです。
「過失」を法律用語に置き換えると「予見可能性」「結果回避可能性」のことです。
つまり、「損害が生じるような結果になることを予想して、事前にそうならないようにすべきだったのに、それを怠った」という場合をいいます。

不法行為ってなに？

不法行為とは、事故や事件などの、損害賠償の原因となる行為です。不法行為の成立には、以下の点が必要です。

①故意・過失があること
②損害が発生したこと
③加害者の行為と損害の発生との間に因果関係があること
④違法性があること

①の故意も過失もない場合、なんらかの損害が発生しても行為者は責任を負いません。②の損害というのは、経済的損害だけでなく、精神的損害も含まれます。③の因果関係の立証は、難しいこともあります。特に精神的損害についてです。精神的につらい原因は複数ある場合が多く、誰でもなんらかの悩みを抱えているからです。④については、ルールを守っていてもケガが生じることがあります。たとえばスポーツの場合、原則として違法性はありません。ただ、故意にルールを破ってケガをさせたり、審判の判定に怒って暴力をふるったりした場合などは、違法性があるといえます。不法行為が成立すると、行為者は、損害賠償責任を負います。

つきまとうストーカー

「好きだから」って好意を押し付けないで

あなたを守る法律

(ストーカー規制法) 第1条　目的

この法律は、ストーカー行為を処罰する等ストーカー行為等について必要な規制を行うとともに、その相手方に対する援助の措置等を定めることにより、個人の身体、自由および名誉に対する危害の発生を防止し、あわせて国民の生活の安全と平穏に資することを目的とする。

「ストーカー規制法」と一般的に呼ばれるこの法律は、同じ人に対して「つきまとい等」を繰り返すストーカー行為者（加害者）に、警察署長等から警告を与えたり、悪質な場合に逮捕したりすることで、被害を受けている人を守る法律です。

ストーカー規制法で規制の対象となるのは、「つきまとい等」と「ストーカー行為」の2つです。具体的に、以下の行為が「つきまとい等」として禁止されており、繰り返すと「ストーカー行為」になる場合があります。

- つきまとい、待ち伏せ、見張り、住居等への押しかけ
  - 例）学校や職場で待ち伏せ、尾行、自宅への押しかけやうろつき、相手が実際に所在する店舗への押しかけ、見張り
- 行動を監視していることがわかることを告げる
  - 例）帰宅したとたんに「お帰りなさい」と電話する
- 面会、交際などの要求
  - 例）拒否しているのにしつこく面会や復縁を求める
- 著しく粗野、乱暴な言動
  - 例）自宅まで来て大声で叫んだり、罵ったりする
- 無言電話、拒否したのに連続して電話、文書、FAX、メール、SNSで連絡を取る
  - 例）しつこい電話やメッセージの送付、コメント欄へしつこく書き込む
- 物や動物の死骸などを送り付け、嫌悪感や不安を与える
- 名誉を害することを告げる
  - 例）名誉を傷つけるようなことを言う、そのような内容の文書を送り付ける
- 性的羞恥心を害することを告げる、文書等を送付する
  - 例）わいせつ写真を送り付ける、電話や手紙で卑わいなことを言う

これらの行為は、刑法の脅迫罪や強要罪にあたる場合もあります。

ストーカー行為についてもっと詳しく知りたいときは、各都道府県警のホームページが参考になります。

強要罪 ➡ P.17

ネットやSNSで脅された ➡ P.74

2021年5月の法改正で新たに、「GPS機器等を用いた位置情報無承諾取得等」を繰り返し行った場合も「ストーカー行為」として規制されることになりました。技術の進歩とともに、GPSがストーカーの手段として悪用されることが増えてきたため、ストーカー規制法で処罰されることになったのです。

具体的には、以下の行為が規制されます。いずれも、「恋愛感情、好意の感情またはその感情が満たされなかったことによる怨恨の感情を充足させる目的」が必要です。

- 相手の承諾を得ないで、GPS機器などにより位置情報を取得する
  例）相手のスマホに無断でインストールしたGPSアプリで位置情報を取得
- 相手の承諾を得ないで、相手の所持するものにGPS機器等を取り付けるなど
  例）相手の所有する車両に無断でGPS機器などを取り付ける

ポイント

改正のポイント

GPSを使った行為が、ストーカー規制法で処罰されるのかどうかは、これまで争いがありました。

①夫が、別居中の妻が使用する車にGPSをひそかに取り付け、その後何度も車の位置情報を探索して取得した行為、②元交際相手が使用している車にGPSをひそかに取り付け、車の位置を探索して元交際相手の動きを把握した行為が、ストーカー規制法の「見張りに該当しないか」が争われた事件で、最高裁は2020年7月30日に、2件とも「見張りに該当しない」という判断を下しました。

その理由は、「住居等の見張り」というからには、一定の場所において、相手の動きを観察することが必要であるから、GPSを取り付けてあちこち移動する様子を把握することは、この規定に当てはまらない、ということでした。

ストーカー被害を受けている人からすれば、一定の場所で見張られるよりも、GPSを取り付けられてすべての動きを把握されるほうがよほど怖く、しかもGPSの取り付け自体は簡単なので、なんとも理不尽に感じられるでしょう。

しかし、刑法や、刑罰を定める特別法（ストーカー規制法含む）というのは、どのような行為が犯罪になるのか、なにをしたら犯罪者になるのかを定めるとても重要な法律です。その線引きは明確でなければなりません。そういった観点からは、最高裁の判断はやむを得ないものだったと思われます。そこで、GPS機器などを用いた位置情報無承諾取得等が処罰されるよう、法改正がなされました。

どこからがストーカーになるのか判断がつかない。

ANSWER

自分だけで判断せずに、まずは警察に行って相談しましょう。**仮に法律上のストーカーとはいえなくても、警察が相手に電話などで警告をしてくれるケースも多くあります。**
なお警察に行く際は、場合によっては事前に相談予約を取り、信頼できる友人や親族に同行してもらうとよいです。

ストーカー行為を受けている。ただ、相手は仕事や立場的に社会的な信用がある。警察はこちらの言い分を信じてくれない気がする。

ANSWER

まずはストーカー行為を受けている証拠を残すことが重要です。**電話は着信記録を保存し、通話したときは録音しましょう。SNSの投稿はスクリーンショットなどで保存**するとよいです。待ち伏せは、可能であれば防犯カメラを設置するなどして記録しましょう。こうした証拠があれば、警察もスムーズに動けます。後日、刑事事件や民事訴訟になった場合にも、これらの証拠はとても役に立ちます。

SNSでつきまとわれている。ブロックすれば収まる?

ANSWER

いきなりブロックすると、拒絶されたと感じて逆上される危険がありますのでやめてください。居場所を探されたり、家に押しかけてくる可能性もあります。返信するのも、ストーカーとの関係性を継続することになってしまうため、やめるべきです。**ブロックも返信もせず、画面を保存して警察に相談してください。**

ストーカー被害にあっている場合は、遠慮せず早めに警察に相談することがなによりも大切です。ストーカーは、性犯罪や殺人といった凶悪犯罪にエスカレートする可能性があるからです。相談する場所がわからない場合は、「#9110」に電話をすれば、相談窓口となる最寄りの警察署につないでくれます。

自宅についても対策を立てましょう。ストーカーに自宅を知られている場合は、避難先となるシェルターを紹介してもらえたり、ホテル代を補助してもらえたりする場合があります。

ストーカーにあなたの自宅を知られていない場合は、身の安全を守るために、絶対に住所を知られないようにします。住民票を置いている市区町村に相談すると、住民票の交付を制限する手続きをすることができます。

警察にストーカー被害の相談をすると、下図のような流れで対応がなされます。

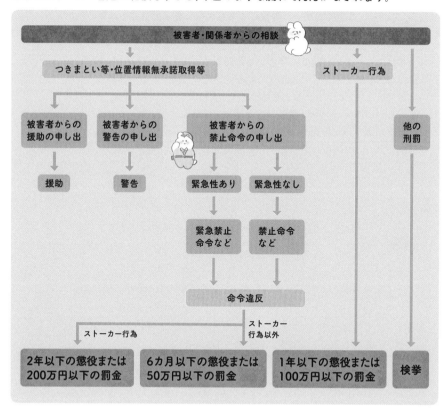

ストーカーに該当しなくても他の犯罪行為に該当すれば、それを規制する法律で検挙されます。自分で判断せず、警察に行きましょう。

被害届とは？

被害届は、「犯罪被害に遭いました」と申告する書類のこと。被害届は「捜査の端緒」ですから、とても重要なものです。

被害申告をするときは、被害の日時・場所・状況についての記録があると、その後の捜査がスムーズになります。被害場所の近くで乗ったタクシーのレシート、なにげないメッセージ、日記やメモなど、関係ありそうなものはすべて持参しましょう。

被害者の方から、「被害届を受理してもらえない」という話をよく聞きます。ただ、被害届が出されていなければ捜査できないわけではなく、実際は、被害届を受理しないまま一定の捜査が行われることも多いです。しかし、やっとの思いで警察に行っても「被害届はまだ受理しません」と言われたら、「捜査をしてもらえないのではないか」などの不安や、警察への不信感につながります。それは被害者に対する二次被害です。

2019年3月25日付で、警察庁は「迅速・確実な被害の届出の受理について」という通達を出しました。これは、被害届の「受理渋り」など、不適切な対応を防ぐ目的で出されたもので、明らかな虚偽や著しく合理性を欠くものでないかぎり、被害届は即時受理せよ、と全国の警察に指示するものです。

さらに、2021年5月21日付、2023年7月20日付で性犯罪捜査に関する通達が出されており、「被害の届出については、捜査によって犯罪に該当するか否かを十分に判断できる状況を待つことなく、届出がなされた時点で受理しなければならない」「即時受理とは、被害の届出があった場合に間を置かずにこれを受理すること」と念押しされています。もし、被害届を「受理しない」と言われた場合は、この通達のことを伝えましょう。

一方で、警察が被害届の提出を求めても、被害者がなかなか決断できないケースもあります。特に、DVやストーカー事案などの男女トラブルは深刻な事件に発展しやすいです。警察は現在、そのような事案について各種法令を駆使して被害者を守ることに取り組んでいます。警察に相談して被害届の提出を強く勧められた場合は、危険性が高いと思ってください。「自分の命を守る」ために被害届を提出することをおすすめします。

悪いことしたのになんで逮捕されないの？

逮捕は
罰するためのもの
じゃない

あなたを守る法律

憲法 第33条　逮捕の要件

何人も、現行犯として逮捕される場合を除いては、権限を有する司法官憲が発し、かつ理由となっている犯罪を明示する令状によらなければ、逮捕されない。

刑事事件の被疑者が逮捕されたら警察署に連行され、留置施設などに入れられて、延々と厳しい取り調べが続く……というイメージが一般的にあります。しかし、**逮捕は懲罰のためではなく、被疑者の身柄を拘束して逃亡を防ぎ、その後の刑事手続きをスムーズに行うためのもの**です。そのため、タイムリミットが定められており、最大で72時間が限度です。その後、身柄拘束を続けるためには「勾留」が必要です。勾留できない場合は釈放となります。

逮捕は人の自由を奪う強制処分です。そのため、**逮捕するにふさわしい理由があり、逃亡や証拠隠滅の可能性があると判断したときに初めて行われます**（刑事訴訟規則第143条の3）。ですから、逮捕要件を満たさないのに「あの人はけしからん！」という理由で逮捕することはできません。
その逮捕には、3つの種類があります。

通常逮捕（刑訴法第199条第1項）

ドラマなどで見る、警察が逮捕状を持ってやって来る逮捕です。
逮捕状は裁判官が発布するもので、憲法第33条の「令状主義」に基づく法律です。
捜査の現場では「つうたい」と呼ばれます。

緊急逮捕（刑訴法第210条第1項）

急を要し、裁判官の逮捕状を求めることができない場合に行う逮捕です。
死刑または無期、もしくは長期3年以上の懲役、もしくは禁錮にあたるほど重い罪を犯したと疑うに足る充分な理由があるときに行います。その場で逮捕しなければ逮捕できなくなるような事情がある場合に、逮捕状なしに行うことができます。捜査の現場では「きんたい」と呼ばれます。

現行犯逮捕（刑訴法第212条、第213条）

明らかに犯罪を犯したと思われる人をその場で逮捕するものです。現に罪を行っている人や、罪を行い終わった人を「現行犯人」といいます。犯人として追われている人や凶器を持っていたり血だらけであったりなど、明らかに犯罪をしたと思われる人なども「現行犯人」とみなされ、逮捕状なしに逮捕できます。捜査の現場では「げんたい」と呼ばれます。

現行犯人であれば、警察でなくても誰でも逮捕できます。たとえば、痴漢の被害者、目撃した人などは、現行犯逮捕として痴漢を取り押さえることができます。その場合、ある程度の有形力（物理的な攻撃）の行使も認められています。犯罪の状況はそれぞれなので、どの程度まで許されるのかを一律に決めることはできませんが、犯罪の重さ、犯行態様、犯人が凶器を持っているか、犯人と逮捕者の体格差などから総合的に判断されます。私人の場合、警察官と違って専門的な訓練を受けていないので、多少の限度を超えた有形力を行使しても、ただちに違法とはなりません。

しかし、私人が逮捕しても、犯人を取り調べたり留置したりする権限はありません。ただちに警察に連絡して、引き渡す必要があります。

ポイント

現実的には、私人が現行犯逮捕するのは困難な場合が多いです。加害者が逆上するリスクもあるので、周囲に複数の人がいるかなど、身の安全を確保することが重要です。「逮捕系YouTuber」が話題になりましたが、私人が逮捕目的で活動すると「逮捕罪」に問われるおそれがあります。

関連条文

【刑事訴訟法】第199条　逮捕状による逮捕
1　検察官、検察事務官、または司法警察職員は、被疑者が罪を犯したことを疑うに足りる相当な理由があるときは、裁判官のあらかじめ発する逮捕状により、これを逮捕することができる。ただし、30万円以下の罰金、拘留、または科料に当たる罪については、被疑者が定まった住居を有しない場合、または正当な理由がなく前条の規定による出頭の求めに応じない場合に限る。

【刑事訴訟法】第212条　現行犯人・準現行犯人
1　現に罪を行い、または現に罪を行い終った者を現行犯人とする。
2　左の各号の一にあたる者が、罪を行い終ってから間がないと明らかに認められるときは、これを現行犯人とみなす。
①犯人として追呼されているとき。
②贓物、または明らかに犯罪の用に供したと思われる凶器その他の物を所持しているとき。
③身体、または被服に犯罪の顕著な証跡があるとき。
④誰何されて逃走しようとするとき。

【刑事訴訟法】第213条　私人による現行犯逮捕
現行犯人は、何人でも、逮捕状なくしてこれを逮捕することができる。

【刑事訴訟法】第214条　私人による現行犯逮捕後の手続き
検察官、検察事務官および司法警察職員以外の者は、現行犯人を逮捕したときは、ただちにこれを地方検察庁、もしくは区検察庁の検察官、または司法警察職員に引き渡さなければならない。

警察による捜査の後の流れ

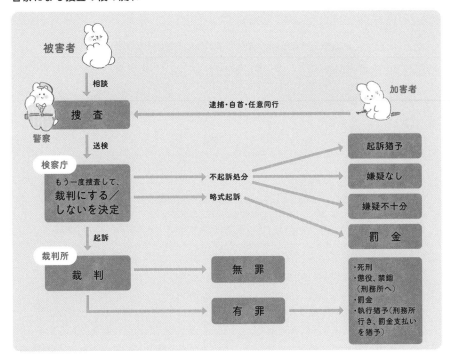

解説 もしもあなたが逮捕されたら？

逮捕されるとまずは、警察による取り調べが行われます。

取り調べの前に、警察はあなたに「黙秘権」があることを説明しなければなりません。黙秘権とは、憲法に定められた権利で、自分に不利益な供述をすることを拒否できる権利です。**一切なにも話さない「完全黙秘」をしてもかまいません。黙秘をしただけで、後日、不利益な判決を受けることはありません。**

もし、警察が黙秘権の説明をしない場合、そのことについて抗議しましょう。もちろん、積極的に話をしてもまったく問題ありません。

警察で話したことは、「供述調書」にまとめられます。まとめ終わったら、警察が内容を読み聞かせます。その際大切なのは、**間違っていることがあれば訂正するよう申し出ることです。供述調書に「署名・押捺」すると、後から「あれは間違っていた」と翻すことはかなり難しくなります。**慎重に内容を確認してください。

逮捕されると、原則として当番弁護士が駆けつけ、接見します。取り調べが不安なら、「弁護士が来るまで話せない」と言って、供述を保留してもかまいません。

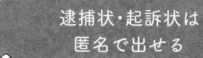
逮捕状・起訴状は
匿名で出せる

刑事訴訟法 **第271条の2**

検察官は、起訴状に記載された次に掲げる者の個人特定事項について、必要と認めるときは、裁判所に対し、前条第1項の規定による起訴状の謄本の送達により当該個人特定事項が被告人に知られないようにするための措置をとることを求めることができる。

性犯罪の加害者は、被害者の名前や住所等の個人情報を一切知らない、というケースがかなりあります。特に、痴漢や盗撮、通りすがりのレイプなどは、加害者が逮捕されて、犯行自体を認めていても、被害者の名前などは知らないことが多いのです。

被害者が、「裁判になると加害者に名前や住所を知られてしまうのでは？」と不安に感じたり、被害届を出したことで逆恨みされて、自分や家族に危害を加えられるのではないか、などと不安に思ったりするのは当然です。
実際、これまでは起訴状に被害者の名前を記載しなければならず、例外的に匿名が認められることはほとんどない、というのが実務上の運用でした。起訴状は加害者に送られます。そのため、加害者に名前を知られるより泣き寝入りのほうがマシと考え、被害届を取り下げるケースが少なくありませんでした。

「名前がわかったくらいで……」と思われるかもしれませんが、最近は本名でSNSを利用している人も多く、特徴的な名前の人もいるため、インターネットで検索すると簡単に被害者本人にたどり着くことができてしまいます。それならSNSをやめればいい、というのは今の時代において現実的ではありません。

証拠が揃っていて、加害者が処罰されることを被害者自身が望んでいるのに、起訴できないというのは理不尽です。これまで被害者は、加害者

を処罰してもらうために、自分の名前を明らかにして逆恨みなどの恐怖に耐えることを強いられていました。加害者は被害者の名前を知らないのに、わざわざ司法がバラしていたに等しかったのです。これでは被害者は守られません。被害者が起訴を諦めると、加害者は罰せられることなく犯行を続けることが可能ですから、新たな被害も生じます。加害者も自分が犯した罪に向き合い反省し、二度と繰り返さないための更生の機会も失われるため、加害者にとっても決してよいことではありません。

そこで、刑事訴訟法が改正され、2024年2月15日から、性犯罪の被害者は原則として起訴状に名前が載らないことになりました。逮捕状や勾留状、判決書も同じ扱いです。

法廷では、被害者のプライバシーは守られています。被害者は「Aさん」などの匿名で呼ばれ、希望すれば傍聴席から見えないように遮へい措置がなされます。名前だけではなく、学校名や珍しい職業名、自宅最寄り駅など、被害者の特定につながるような事柄についても、事案に応じて秘匿されます。

つまり今は、逮捕、起訴されて裁判をして判決が下されるまで、一貫して被害者の名前は被告人や傍聴人に知られずに済むことになったのです。ただし、被告人の防御の観点から問題がある場合など、一部の例外はあります。

望んでいないのに体をさわられた

勝手に
さわっていいもの
じゃないのよ

あなたを守る法律

刑法 第176条　不同意わいせつ

次に掲げる行為または事由その他これらに類する行為または事由により、同意しない意思を形成し、表明しもしくはまっとうすることが困難な状態にさせまたはその状態にあることに乗じて、わいせつな行為をした者は、婚姻関係の有無にかかわらず、6カ月以上10年以下の拘禁刑に処する。

※拘禁刑が始まるのは2025年6月1日以降に生じた事件から。それまでは「懲役」。

解説 処罰されるべき行為が処罰されることを目指した改正

2023年の刑法改正により、強制わいせつ罪・準強制わいせつ罪が一つにまとめられ、不同意わいせつ罪になりました。被害者が16歳未満であれば、原則、罪が成立します。13〜15歳については、加害者が5歳以上年上であることが要件です。

性的同意年齢 → P.102

旧法では、「暴行・脅迫を用いて」または「人の心神喪失もしくは抗拒不能に乗じ、または心神を喪失させ、もしくは抗拒不能にさせて」わいせつな行為をした者が処罰されましたが、この改正法で、一定の事由や、それに類する行為などにより「同意しない意思を形成し、表明しもしくはまっとうすることが困難な状態にさせ、またはその状態にあることに乗じてわいせつな行為をした」者が処罰されます。

これまでは、被害者の意思に反していても、「反抗を著しく困難にする程度の暴行・脅迫」がないと強制わいせつ罪は成立せず、「被害者の同意があったと勘違いした」などという加害者の弁解がまかり通る事例がありました。また、起訴するかどうかの検察官の判断や、有罪か無罪かの裁判官の判断にも、個人差があり、処罰されるべき行為が適切に処罰されていないという批判がありました。

そこで、「自由な意思決定が困難な状態でなされた性行為」を処罰することを明確にし、その判断のバラつきをなくすために8つの類型が例示されました。

不同意わいせつ罪・不同意性交等罪の8つの類型（行為・事由）

①〜⑧のいずれかを原因として、【同意しない意思を形成、表明、またはまっとうすることが困難な状態にさせること】または、【相手がそのような状態にあることに乗じること】

- ①暴行または脅迫
- ②心身の障害
- ③アルコールまたは薬物の影響
- ④睡眠、そのほかの意識不明瞭
- ⑤同意しない意思を形成、表明、またはまっとうするいとまがないこと
  - 例）不意打ち
- ⑥予想と異なる事態との直面に起因する恐怖または驚愕　例）フリーズ
- ⑦虐待に起因する心理的反応　例）虐待による無力感、恐怖感
- ⑧経済的、または社会的関係上の地位に基づく影響力による不利益の憂慮

※法務省HPを基に作成

昼間に街を歩いているとき、すれ違いざまにいきなり胸をさわられた。ビックリして唖然としている間に加害者は逃げていってしまった。これ、警察に相談していい？

ANSWER

すぐに警察に行ってください。このような行為は、類型の⑤「同意しない意思を形成、表明またはまっとうするいとまがないこと」にあたりえます。**「いとまがない」というのは、被害者が、性的行為がなされようとしていることを認識してから性的行為がなされるまでの間に、その性的行為について自由な意思決定をするための時間のゆとりがないことを意味します。** したがって、「何秒だったらいい」というような問題ではなく、ケースバイケースとなります。

取引先の社長から商談の最中にわいせつ行為をされ、嫌でしたが、なにもできませんでした。私は小さな会社の社員で、会社の利益はその取引先に頼っているので、怖くて逆らえません。私の上司も、社長のわいせつ行為を受け入れるべきというような物言いをします。

それは、類型の⑧「経済的、または社会的関係上の地位に基づく影響力による不利益の憂慮」により被害者が同意しない意思を形成、表明、まっとうすることが困難な状態にあることに乗じたわいせつ行為といえます。
また、この上司の対応は男女雇用機会均等法に反しますので、会社の相談窓口や弁護士に相談しましょう。

職場でのセクハラ ➡ P.156

ANSWER

新しく創設された「拘禁刑」とは？

「懲役刑」は、犯罪者を刑務所に収容する刑事罰で、刑務作業が義務づけられています。「禁錮刑」には、刑務作業の義務はありません。しかし、刑務所にいるだけは苦痛なので、刑務作業の希望者が大半で、実際には両者の差はほとんどありませんでした。そこで、服役しても再犯が多い現状もあることから、これらを拘禁刑として一本化して、刑務作業を義務とせず、再犯防止への取り組みを増やすことになりました。「拘禁刑」は、2025年6月1日以降に発生した事件に適用されます。

解説 力関係を利用した性犯罪を立件しやすく

類型の⑧は、改正前の刑法では最も立件が難しかった類型といえます。

「経済的関係」というのは、「雇用主と従業員」「取引先の職員どうし」といった関係を広く含むと理解されています。

「社会的関係」というのは、家庭・会社・学校といった社会生活における人的関係を意味し、次のような関係性を想定しています。

- 「祖父母と孫」「おじ／おばとおい／めい」「兄弟姉妹」といった家族関係
- 「上司と部下」
- 「先輩と後輩」
- 「教師と学生」「コーチと教え子」
- 「介護施設職員と入通所者」 など

改正のポイント

ポイント

類型の⑧は、実は性暴力でとても多いケースでした。しかし「監護者性交等罪」にも含まれなかったり、特に仕事関係となると「恋愛のもつれ」「不倫くずれ」などといわれたりして、なかなか性暴力として扱われず、警察に届けてもほとんどが不起訴にされてきました。今後は、こういった類型についても適切に処罰されることが望まれます。

事例

大学のゼミの泊まり合宿で、夜に宴会があった。しかし、疲れていた私は、先に部屋に戻って寝ていた。熟睡していて気づかなかったが、友だちから「A君が部屋に入って、あなたのパジャマをまくりあげて胸をさわっているところを見た」と言われた……。

CASE

睡眠状態にあることに乗じてわいせつ行為をすることは、類型の④にあたります。**「睡眠」というのは、完全に眠っていなくて「半覚醒状態」で意識がもうろうとしている状態も含まれます。** あなた自身は熟睡していて意識がないでしょうから、警察に行く場合には、目撃していた友だちに証言をお願いしましょう。

ANSWER

望 ま な い 性 行 為 を さ せ ら れ た ・ レ イ プ

大切なものが
壊れていくの

あなたを守る法律

刑法 第177条　不同意性交等

前条第1項各号に掲げる行為または事由その他これらに類する行為または事由により、同意しない意思を形成し、表明しもしくはまっとうすることが困難な状態にさせまたはその状態にあることに乗じて、性交、肛門性交、口腔性交または膣もしくは肛門に身体の一部もしくは物を挿入する行為であってわいせつなものをした者は、婚姻関係の有無にかかわらず、5年以上の有期拘禁刑に処する。

※拘禁刑が始まるのは2025年6月1日以降に生じた事件から。それまでは「懲役」。

解説 不同意わいせつ罪と同様に改正

2023年の刑法改正により、強制性交等罪・準強制性交等罪が一つにまとめられ、不同意性交等罪になりました。趣旨については不同意わいせつ罪と同じです。

8類型、婚姻関係の有無にかかわらないこと、性的同意年齢が原則16歳（例外として、5歳差要件）であることも、不同意わいせつ罪と同じです。

不同意わいせつ罪・不同意性交等罪の8つの類型（行為・事由）➡ P.33

性的同意年齢➡ P.102

解説 手指や物の挿入も「性交等」として処罰されるように

これまで「性交等」は、膣性交、肛門性交、口腔性交に限定されていました。しかし法改正によって加害行為の種類が増え、「膣、肛門に陰茎を除く身体の一部や物を挿入する行為であってわいせつなもの」が新たに含まれることになりました。

「身体の一部・物」については、形状や性質による限定はありません。これにより、手指の挿入が当然「性交等」に含まれることになりました。

「物」については、錠剤や座薬のように挿入後に溶ける物であっても該当します。しかし、医療行為など必要性があるものを除くため「わいせつなもの」に限定されています。

改正のポイント

被害者が年少者の場合、膣性交が難しいために指を入れられることがしばしばありました。これまではその場合、強制性交等罪ではなく、刑が各段に軽い強制わいせつ罪でしか処罰できませんでした。

被害者が大人の場合も、膣や肛門への手指・物の挿入は、傷害罪や暴行罪、強要罪などで処罰されることはあっても、被害者が感じた苦痛とはかけ離れており、やはり刑が軽いという問題がありました。

また膣や肛門に男性器を挿入することと、手指や物を挿入することで、被害者の傷つき度合いは変わらないことが研究で明らかになっており、「性交等」に含めるべきだという声があがっていました。

ポイント

事例 CASE

飲み会で一気飲みさせられ、記憶をなくした。起きたら男性の家の
ベッドにおり、意識のない状態でレイプされていたことがわかった。

酒や薬で意識を失わせて性交するなど、正常な判断ができない状態
の人に対して性交したりした場合、不同意性交等罪が成立します。完
全に意識を失っておらず、もうろうとしている状態でも成立します。
ただし、被害者にそれなりの意識があった場合や、被害者の振る舞
いによって、加害者が「意識がある」と勘違いしても仕方がないと
みなされた場合には、不同意性交等罪が成立しないこともあります。

ANSWER

事例 CASE

実父が勝手に10代前半の娘である自分の自室に入り、ベッドに入っ
てきた。体をさわり、男性器を口の中に入れてきた。

「監護者」が、その影響力を利用して18歳未満の人に性交すると、監
護者性交等罪が成立します。
監護者とは、**同居している親やそれと同じくらいの影響力を持つ人**
が想定されています。

したがって、加害者が学校や塾の先生、たまたま遊びに来ていた親
戚などである場合は、監護者性交等罪は成立せず、不同意性交等罪
にあたるかどうかが問題となります。
・被害者が16歳未満の場合……原則として、性交等があれば不同意
　性交等罪が成立
・被害者が13〜15歳の場合……加害者と被害者の年齢差が5歳未満
　であれば、類型①〜⑧などの理由で、同意しない意思を形成、表
　明、もしくはまっとうすることが困難な状態にさせたり、その状
　態に乗じて性交等をしたかどうかを検討し、あてはまれば不同意
　性交等が成立

性的同意年齢 → P.102

ANSWER

どうしても子どもがほしいのですが、夫が性行為に応じてくれません。夫が酔っ払っていたり寝ぼけていたりしていて意識がないときを狙って無理やり性行為をしています。

類型の③・④により、犯罪が成立する可能性があります。性別にかかわらず、加害者にも被害者にもなりえます。

不同意わいせつ罪・不同意性交等罪の8つの類型（行為・事由）→ P.33

解説 夫婦であっても性犯罪が成立する

刑法改正により、**不同意わいせつ罪、不同意性交等罪**のどちらにも、「**婚姻関係の有無にかかわらず**」罪が成立することが明記されました。

ただし、家族内のことなのでそれを事件にするかどうかは、被害者の意思が尊重されます。特に子どもがいる場合、一方の親を犯罪者にしていいのかと悩む人は少なくありません。

なお、「婚姻関係の有無にかかわらず」というのは、「あらゆる関係で性犯罪が成立する」ことを意味します。つまり、**事実婚、同棲、交際中のカップル**など、すべての関係において成立します。

改正のポイント

改正前から、加害者と被害者が夫婦であるかどうかは、強制わいせつ罪や強制性交等罪の成立に影響しないと考えられており、裁判で夫婦間の犯罪が成立したケースもあります。

しかし、学説の中には、法律上の婚姻制度が継続的な性交渉を前提としていることを理由に、婚姻関係が破綻している場合に限って犯罪が成立するなど、犯罪成立の範囲を限定的に捉える見解もありました。また、国民の中にも「性交渉に応じるのは妻の義務だから、夫婦間ではレイプは成立しない」という考え方が少なくありませんでした。その誤解を解くため、夫婦間でも性犯罪が成立することが、刑法の条文に明記されました。

被害にあったときにすべきこと

レイプを含む性暴力では、ごく一部だけが刑事事件となるのが現状です。また、民事的請求が認められるものもそう多くはありません。その主な理由は、客観的な証拠が得られにくいことです。レイプは密室で行われることが多いため、目撃証言もない場合がほとんどです。

もし被害にあったときは、すぐに110番に通報してください。ほかにも、各都道府県警の相談窓口につながる警察の性犯罪被害相談電話「#8103（ハートさん）」や、全国共通で最寄りのワンストップ支援センターにつながる相談電話「#8891（はやくワンストップ）」もあります。

気持ち悪いと思いますが、なるべくシャワーを浴びたり口をゆすいだりはしないでください。そのとき着ていた洋服も捨てないでください。体内、体の表面、衣服に、体液など犯人のDNAが残っている可能性があります。それらは有力な証拠になります。

不同意性交等罪などの場合、血中のアルコールや睡眠導入剤などの薬物を測定するために、代謝・排出される前に急いでワンストップ支援センターや捜査機関で検査をしてもらいましょう。刑事事件の証拠として役立つ可能性があります。

また、記憶にあることはメモして残しておきましょう。時間や場所、犯人の特徴（体格、洋服の色、顔の特徴など）など、思いつくことを書いてください。できれば、信頼できる家族や友人にメールなどで共有しておくのが望ましいです。誰にも言いたくなければ、自分宛てにメールしておけば大丈夫です。このメモは、事件後できるだけ早い段階で残すほうが、刑事事件や民事訴訟になった場合の証拠価値が高くなります。

できるだけ早く病院や警察へ!!

もし被害にあったときは、できるだけ早く病院か警察に行くのが望ましいです。証拠保全や迅速な捜査にもつながりやすくなります。

妊娠のおそれがある場合には、病院で「緊急避妊ピル」を出してもらいましょう。「緊急避妊ピル」とは、事後的に避妊できる薬です。ただし、性交渉後、72時間以内に服用する必要があります。100％避妊できるわけではありませんが、早く服用すればするほど避妊できる可能性が高くなります。

性感染症に感染したおそれがある場合も、やはり病院で検査をお願いしましょう。警察の協力病院へ行くと、費用はかかりません。自分で支払っても、後日費用が戻ってくる場合があります。ほかにも、初診料やさまざまな検査にかかる費用、診断書の作成費が無償になる制度があります。できるだけ警察官やワンストップ支援センターの方に同行してもらって、手続きなどはその人にお任せしましょう。

さまざまな避妊方法 ➡ P.54

刑事事件として処分してもらうには

警察に行き、被害を申告します。一人で行くのが不安なら、ワンストップ支援センターや、被害者支援機関の方が、無償で同行してくれます。その後、被害状況を聞かれる事情聴取、被害現場の確認、被害状況を再現する捜査などがあります。ただし、状況に応じて、犯人が逮捕される場合と逮捕されない場合があります。

逮捕は簡単にできない ➡ P.27

犯人が見つかって、起訴された場合には、刑事裁判が行われます。
犯人が争っている場合は、被害者が法廷で証言しなければならない場合もありますが、裁判では、被害者の名前は伏せられます。被害者の顔は傍聴席や犯人から見られないような措置も取られます。
なお、任意の交渉や民事調停、民事訴訟などで、犯人に対して慰謝料や治療費等を請求できることがあります。

加害者の責任能力に問題がある場合

加害者に精神疾患がある場合、その程度に応じて、罪が成立しなかったり罪が軽くなったりする場合があります。「責任能力」といわれるものです。その場合でも、被害者はさまざまな支援が受けられます。警察やワンストップ支援センター、弁護士などに相談してください。

刑法 第176条 不同意わいせつ

望んでいないのに体をさわられた ➡ P.32

刑法 第179条 監護者わいせつおよび監護者性交等

1 18歳未満の者に対し、その者を現に監護する者であることによる影響力があることに乗じてわいせつな行為をした者は、第176条第1項の例による。
2 18歳未満の者に対し、その者を現に監護する者であることによる影響力があることに乗じて性交等をした者は、第177条第1項の例による。

性についての権利

自分の体は自分のものです。恋人の
ものでもない、親のものでもない、あ
なたの体はあなただけのものです。
誰もが、自分の体に、誰が、どこに、
どんなふうにさわることができるの
かを決める「からだの権利」をもっ
ています。誰かの体をさわるときに
は「同意」を確認することが大切です。

性的同意

性的な行為の前や行為中にも、YES、
NOの意思を確かめ合いましょう。
「性的同意」は健康で幸せなパートナ
ーシップのためにも、性暴力を防ぐ
ためにも重要です。性的同意がない
性的な行為はすべて性暴力です。「口
に出して聞くのは恥ずかしい」、「聞
かなくても雰囲気でわかるのでは」
と思うかもしれませんが、同意があ
ったと誤解して性暴力が起こること
があります。性的同意は、対等な関
係性でなければ成立しません。無理
やり「いいよ」と言わせてもそれは
真の同意ではありません。普段から
お互いを尊重するコミュニケーショ
ンをとり、性に関する知識を持つこ
とは性的同意のためにも大切です。

包括的性教育

権利は生まれながらに誰もが持って
いて、誰からも大切にされなければ
ならないものです。自分らしく幸せ
に生きる「人権」という視点は、性
について考えるうえでも重要です。
国際的には、人権尊重を基盤に、ジ
ェンダー平等や性の多様性など幅広
いテーマについて、幼い頃から体系
的に学ぶことで性的自己決定力を育
み、健康と幸せの実現につなげる「包
括的性教育」が推進されています。
WHO（世界保健機関）などが作成し
た包括的性教育のガイダンスでは、5
歳から年齢層別に多岐にわたる学習
目標が設定されています。たとえば、
「コンドームの正しい使い方の手順を
説明する（9〜12歳）」、「性的同意を
伝え、受け止めることの重要性を認
識する（12〜15歳）」などがありま
す。「寝た子を起こすのではないか」
という懸念を抱く人もいるかもしれ
ませんが、包括的性教育によって慎
重に性的自己決定をするようになり、
初体験の年齢が上がることや、性感
染症のリスクが下がることが教育効
果として示されています。

性について、いつ、どこで学ぶ？

性について学校や家庭で教わる機会はなく、結局、友だちとの会話やAVなどのアダルトコンテンツから性情報を得て、あいまいな知識のまま大人になったという人は多いのではないでしょうか。文部科学省が定める学習指導要領の問題などによって、日本の小中学校の教科書には「性交」や「避妊」の記載はありません。国際的な学習目標とは大きな乖離があり、いまだに子どもたちが性について学ぶ機会は十分に確保されていません。一方、インターネットやSNSの普及によって膨大なアダルトコンテンツが存在し、子どもたちは年齢や発達にふさわしくない性情報に晒されたり、性を搾取する大人とつながったり、さまざまな性の問題が生じています。

誰もが当事者になりうる

「性のことで困ったとき、誰にも言えなかった」、「性暴力被害にあったことを親に相談したら、あなたも悪かったと怒られて二度と相談できなくなった」といった声は少なくありません。性暴力の二次被害の問題などを含め、まずは大人が情報をアップデートする必要があります。性に関することも安心して話せるよう、日々のコミュニケーションを大切にしましょう。性に関する問題は、年齢や性別、パートナーの有無によらず、誰もが当事者になりうるものです。正しい知識はもちろん大切ですが、知識があれば性に関する問題を全て回避できるというものではありません。性のことで傷つかないための性教育だけでなく、失敗や傷つきがあったときにこそ、さまざまな選択肢が提示される社会であることや、「いつでも味方でいるよ」と寄り添う人の存在も大切だと感じます。

性と生殖に関する健康と権利

「性と生殖に関する健康と権利（Sexual Reproductive Health & Rights: SRHR）」は、性と生殖に関するすべてにおいて、誰からも強要されることなく、自分の意思が尊重されて、自分の体のことを自分で決められる権利です。他者の権利も尊重しつつ、安全で満足できる性生活を送ること、子どもを産むか産まないかを決めること、適切な情報やサービスを受けることなどが含まれます。しかし、日本は性教育が遅れているばかりか、女性主体の避妊法の選択肢が乏しく、安全な中絶へのアクセスに障壁があるなど、性と生殖に関する健康と権利が尊重されていない現状があります。性に関する問題を当事者の自己責任にするのではなく、社会全体で考えていきましょう。

「あなたも悪いんじゃない？」セカンドレイプ

なにも知らないのに
好き勝手言わないで

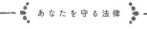

あなたを守る法律

犯罪被害者等基本法 第3条 基本理念

1　すべて犯罪被害者等は、個人の尊厳が重んぜられ、その尊厳にふさわしい処遇を保障される権利を有する。

2　犯罪被害者等のための施策は、被害の状況および原因、犯罪被害者等が置かれている状況その他の事情に応じて適切に講ぜられるものとする。

3　犯罪被害者等のための施策は、犯罪被害者等が、被害を受けたときから再び平穏な生活を営むことができるようになるまでの間、必要な支援等を途切れることなく受けることができるよう、講ぜられるものとする。

犯罪被害には、生命・身体・財産などを侵害されるさまざまな被害（一次被害）があります。そして、その一次被害に起因して、周囲の人の言動などで被害者が傷つけられるのが「二次被害」です。

一次被害よりも二次被害のほうがつらかったという被害者はとても多いです。

二次被害は、被害回復を遅らせる要因になります。警察庁の調査によると、二次被害の相手は、①加害者関係者（加害者本人・家族、加害者の弁護人など）、②捜査や裁判等を担当する機関の職員（警察、検察官、裁判官など）、③同じ職場・学校に通っている人、④家族・親族……の順に多くなっています。しかも、**加害者よりも、身近な人からの二次被害にあった人ほど、被害回復が妨げられていること**が明らかになっています。

二次被害により回復が遅れ、それまでの人間関係が壊れてしまう人もたくさんいます。「自分は被害にあっても毅然としていられると思っていたのに、全然違っていた」という方は少なくありません。**自分の意思とは関係なく、朝起きられない、食事が取れない、眠れない、外に出られない、勝手に涙が流れてくる、といったことは、被害にあうと誰にでも起こりうることです。**

犯罪被害にあうことがその人にどれだけ重大な悪影響を及ぼすのか、しっかりと理解して被害者に接することが重要です。

CASE

性被害にあって、刑事裁判が行われているのですが、「美人局（つつもたせ）だろう？」「被害者ヅラやめろ」などという誹謗中傷が、SNSにたくさん届きます。匿名ですが、身近な人しか知らない情報も書かれているので、知り合いなのではないかと疑心暗鬼になっています。

そのような状況は明らかな二次被害です。刑法の名誉毀損罪や侮辱罪にあたる可能性があります。このような誹謗中傷は許さない、という趣旨で、侮辱罪が改正されて刑が重くなりました。警察に相談して、相手を特定して立件してもらうことも検討しましょう。

ANSWER

度を超したうわさ話、誹謗中傷 → P.68

二 次 被 害 の 例

二次被害には次のようなものがありますが、これらはほんの一部です。

1 友人、恋人からの言葉

- 「夜遅くに歩いているほうが悪い」
- 「被害なんて言ってるけど、あなたもその気があったんでしょう？」
- 「忘れたほうがいい。時間が解決する」
- 「あなたが警察に行かなかったら、他の人が被害にあうから行くべきだ」

2 親、きょうだい、配偶者などの家族からの言葉

- 「世間体が悪いから黙っていて」
- 「警察沙汰を起こすなんて恥だ」
- 「なぜ今頃言うの？　自分が悪いから黙っていたんでしょう？」
- 「いつまでそうやって落ち込んでるの？」

3 マスコミによる報道

- 重大事件の被害者宅に各社が押しかけ、近所にまで迷惑をかける
- 遺族の許可なく、お通夜や葬儀の取材をして報道する
- 被害者の写真を勝手に報道する

4 警察、検察、裁判所などの捜査や裁判の場で

- 取り調べの過程で、被疑者と同じような扱いをする
- 「なぜそこにいたの？」など、被害者に落ち度があるような聞き方をする
- 法廷で被告人が被害者を侮辱するような発言をしても、阻止しない

5 被害者支援弁護士

- 「加害者にも言い分があるのだから、被害者も配慮して」
- 被害者参加制度や心情等に関する意見陳述など、刑事裁判における被害者の権利に無知な結果、「被害者は刑事事件にはあまり関わらないほうがいい」などと決めつける

6 医師

- 「警察に届け出るなら診察しない」
- 「たいしたケガじゃないから、放っておけば治る」などと言ってカルテにも記載せず、そのために後日、事件の立証ができずに不起訴となってしまう
- 「中絶するなら、加害者の同意をもらってね」などと間違った助言をする

性被害に対するケア

性被害にあうことは、とてもつらいことです。その影響は、心身にさまざまな症状となって現れます。

事件のことを突然思い出して情緒不安定になったり、そうかと思えば事件が他人事のように感じられて、感情が麻痺することもあります。食欲がなくなったり、夜眠れなくなったり、人に会うのが怖くなって学校や会社に行けなくなる人もいます。自信を失って、自分に価値がないと感じ、自殺願望が高まってリストカットなどをしたり、自分を大事にする気持ちがなくなっていろんな人と性行為を繰り返す人もいます。逆に、異性全般が怖くなり、異性と話ができなくなる人もいます。うつ病やPTSD（心的外傷後ストレス障害）を発症したり、アルコール依存症になったり、薬物乱用に走る人もいます。それほどつらいことに巻き込まれたのです。

心のケアの必要性

適切なケアを受けることで、時間がかかっても必ず回復に向かいます。なかなか被害前の生活に戻れなかったり、前向きな気持ちになれなかったり、学校や会社に行けなかったりするのは、被害者の精神力が弱いせいではありません。気合いでは治りません。専門家による治療を受けることは、被害前の自分に近づくためにとても重要です。

心のケアを支援する制度・機関

全国の都道府県に、被害者支援センターがあります。センターの臨床心理士が、無料でカウンセリングや専門的治療を行っていることが多いので、まずは連絡を取ってみましょう。

また各都道府県に、性犯罪・性暴力被害者のためのワンストップ支援センターもあります。ここは性犯罪・性暴力に関する相談窓口で、産婦人科医療やカウンセリング、法律相談などの専門機関と連携しています。

自分の子どもから
性被害を打ち明けられたら……

絶対に怒らないことが重要です。子どもは勇気を出して親に打ち明けて

います。「そんな短いスカートをはいているから」など、子どもに落ち度があるような言い方はやめましょう。被害から時間が経過していても、「どうしていままで黙っていたの？」と問い詰めないでください。また、「気のせいではないのか」「忘れたほうがいい」などと子どもが打ち明けたこと自体を否定したり、子どもの気持ちに寄り添わない発言もやめてください。

忘れたくても忘れることができないからつらいのだ、ということを理解しましょう。

まずは、「よく話してくれたね」といたわり、「あなたはなにも悪くないのだから、安心してね」と言ってあげてください。
そして、なにに困っているのか、体調などを尋ね、早めに一緒に警察や支援センターに相談に行きましょう。子どもが同意すれば、学校のスクールカウンセラーに相談してみるのもよいでしょう。

性被害の加害者が、自身のパートナーや知人友人であるなど、場合によっては親が動揺する場合もあります。その場合でも、「〇〇さんがそんなことをするはずない」などと、子どもが嘘をついていると決めつけるようなことは絶対に言わず、子どもの言い分に耳を傾けてください。

友だちから性被害を打ち明けられたら……

友だちのペースに合わせて、話をよく聞いてあげてください。心配かもしれませんが、事件のことを根掘り葉掘り聞かないでください。そして、ちゃんとご飯を食べられているか、眠れているかなど、体調を気遣ってあげてください。正義感が先走り、「警察に行くべきだ」「泣き寝入りすると、犯人はまた別の人を襲う」「示談などもってのほか。裁判で徹底的に闘って」などの意見を述べるのは控えましょう。深く傷ついていて、警察に行くことを考えられない人もいます。また、自己肯定感が低下していたり、世の中の人がすべて敵に見えていたりしている場合もあります。「私は味方だよ」と伝え、自分にできること

はないか、「ご飯買ってこようか？」などと尋ね、日常生活が送れるように支えてあげてください。

内容をぼかしたとしても、打ち明けられた話をSNSや、ほかの友人、親などに話すこともやめましょう。被害にあった友人の了解がないかぎり、自分だけの胸にしまってください。

交際相手から性被害を打ち明けられたら……

性被害にあうと、それまでと同じような交際を続けられなくなることも少なくありません。キスや性交渉に拒絶反応を示すこともありますが、それは性被害にあった人に多くみられる症状です。「自分は加害者とは違う」「守ってあげたいのに、なぜ自分を受け入れないのだ」などと責めないでください。カウンセリングに付き添ったり、ゆっくりと話を聞いたりして、気持ちに寄り添うようにしましょう。

性暴力や二次被害の場面を目撃したら……

目の前でセクハラが行われていたり、性暴力被害にあっている人の陰口を言っている人を見かけた場合、モヤモヤしつつ、どうしていいのかわからず、自責の念に苛まれる人はたくさんいると思います。

そのような場合の行動として、「アクティブ・バイスタンダー」という考え方が提唱されています。「行動する第三者」という意味で、具体的には、性暴力やハラスメントが起きたとき、また、起きそうな場面で、傍観者としてただ見ているのではなく「行動する人」のことで、最近、性犯罪やハラスメントを防ぐということで注目されています。

具体的には、被害者に「大丈夫？」「相談に乗るよ？」と声をかける、性暴力の場面に気づかないフリをして話しかけて中断させる、録画や録音などの証拠をそっと確保する、などです。直接加害者に注意できなくても、あなた自身がやれることをやってみましょう。

結婚してないけど妊娠

妊娠に対する責任は

必ずはんぶんこ

あなたを守る法律

母体保護法 第14条 医師の認定による人工妊娠中絶

1　都道府県の区域を単位として設立された公益社団法人たる医師会の指定する医師は、次の各号の1に該当する者に対して、本人および配偶者の同意を得て、人工妊娠中絶を行うことができる。

①妊娠の継続、または分娩が身体的、または経済的理由により母体の健康を著しく害するおそれのあるもの

②暴行、もしくは脅迫によって、または抵抗、もしくは拒絶することができない間に姦淫されて妊娠したもの

2　前項の同意は、配偶者が知れないとき、もしくはその意思を表示することができないとき、または妊娠後に配偶者がなくなったときには本人の同意だけで足りる。

レイプされて望まない妊娠をしてしまった。人工妊娠中絶を希望したのに、医師に「加害者の同意が必要」と言われて困っていたら初期中絶のタイミングを逃してしまい、中期中絶をせざるをえなくなった。

人工妊娠中絶をする場合、母体保護法で「本人および配偶者の同意を得る」ことが条件とされています。厚生労働省はこの問題について、**「性暴力によって妊娠した場合は、加害者の同意は求めていない」**ことを明らかにしています。

性暴力による人工妊娠中絶には加害者の同意は必要ない

これまで、「配偶者の同意」という文言が一人歩きをして、配偶者ではない加害者（上司や先輩などの顔見知り、通りすがりの見知らぬ人）からのレイプで妊娠した場合にも、「加害者の同意をもらってきて」などと言って、中絶を拒否するケースが後を絶ちませんでした。

レイプにより妊娠したのに、どんどんお腹が大きくなり、つわりなどで苦しみ、「このまま産まれたら育てなければならないのだろうか？」などと悩んだであろうことを考えると、被害者の苦痛は計り知れません。

なお、産むのは女性なのに「配偶者の同意が必要」とされていることは、国内外から大きな批判を浴びています。

中絶は女性ばかりに負担がかかって不公平。相手に慰謝料などは請求できる？

女性が性行為にも中絶にも同意した場合は違法行為がないため、原則として慰謝料の請求はできません。ただし、中絶にあたって男性の態度が誠実でない場合などは、慰謝料を請求できる可能性もあります。また、中絶費用も請求できる可能性があります。どちらにしても、法的手続きを取るには時間も費用もかかるので、まずは相手とよく話し合ってみましょう。

CASE

同意による性交渉で妊娠。人工妊娠中絶できる時期が過ぎてしまったが、このまま出産したら、どこかに放置するしかない……。

出産して生まれたばかりの赤ちゃんを放置した場合は、刑法の保護責任者遺棄罪、それで亡くなったら保護責任者遺棄致死罪、赤ちゃんの口を塞ぐなどして赤ちゃんが亡くなった場合は、殺人罪が成立します。

ANSWER

男性は罪に問われないの？

この事例のような事件は、数多く報道されています。その度に「なぜ妊娠させた男性は罪に問われないのか？」という声が上がります。一人では妊娠できませんので、そのような憤りがあるのは、心情としては当然でしょう。

しかし、避妊せずに性交渉しても妊娠するとはかぎりません。また、「性交渉した結果妊娠したら、相手の女性は中絶せず出産して赤ちゃんを死なせてしまうだろう」とまで考える人は、ほぼいないと思います。**つまり、女性が赤ちゃんを死なせることについて、性交渉の時点では「故意」がないので、処罰することはできません。** このようなケースでは、相手の名前や住所も知らない、ということもありえます。

ただし、女性も赤ちゃんを死なせたかったのではないはずです。このような事件の背景には、社会での孤立や、なかなか仕事が見つからないという貧困問題、妊娠に気づかない周囲の無関心など、多くの社会問題が潜んでいることが少なくありません。そのような中でもSOSを発信でき、その声を確実に拾うことができる社会を構築することが重要です。

産婦人科医 遠見才希子より ＞ **予定していなかった妊娠に気づいたら**

思いがけない妊娠をしたとき、「にんしんSOS」や市区町村の保健センターなどの相談窓口を利用できます。産む選択、産まない選択、どちらもさまざまなサポートが必要です。生理が予定より1週間遅れた時点で妊娠5週くらいの可能性があります。市販の妊娠検査薬は陽性反応が出ます。妊娠が判明した場合は、必ず産婦人科を受診して子宮の中に妊娠していることや妊娠週数を確認してください。妊娠22週以降はいかなる理由があっても中絶することはできません。もし中絶できる時期を過ぎた場合は、安全に妊娠を継続し出産できるよう、相談窓口などを利用しましょう。自分たちで子どもを育てられない場合、特別養子縁組、里親制度、乳児院、児童養護施設などを利用するという選択肢もあります。

人工妊娠中絶

日本では以下の中絶方法があります。

初期中絶（妊娠12週未満）

中絶手術（手動真空吸引法、電動吸引法、掻爬法）

基本的に麻酔で眠った状態で、腟から子宮に器具を入れる手術を受ける（10分程度）。日帰りまたは1泊入院。自費で10万円〜20万円くらい。

経口中絶薬（日本では妊娠9週未満）

海外で1980年代から使用されていた安全な飲む中絶薬が日本で2023年に承認された。一部の医療機関で使用できる。2種類の薬と鎮痛薬を服用する。自然流産に類似して重い生理痛のような痛みと出血が生じ、半日〜1日で完了する。日帰りまたは入院。自費で8〜10万円くらい。

中期中絶（妊娠12週以降22週未満）

腟錠による分娩

腟錠を入れて陣痛を起こし分娩する。数日間入院。死産届や埋葬が必要。出産育児一時金の対象で自己負担は10万円〜40万円くらい。

国際的に推奨される安全な方法は、経口中絶薬か真空吸引法です。掻爬法は子宮に穴があくなどの合併症を稀に生じうるため、WHO（世界保健機関）は、「掻爬法は時代遅れで行うべきでない」と勧告しています。また、WHOは「安全な中絶へのアクセスは女性の健康と権利を保護する」、「中絶は女性や医療従事者を差別やスティグマから保護するため、公共サービスまたは公的資金を受けた非営利サービスとして医療保険システムに組み込まなければならない」と提言しており、海外には中絶が無料の国もあります。日本の中絶は、高額な費用や配偶者同意を要するなど、改善すべき課題が山積しています。

スティグマにしない

中絶を選択する女性には、それぞれさまざまな理由や背景があります。他人が一方的に「安易だ」、「中絶は悪いことだ」と決めつけることはできません。中絶をスティグマ（負の烙印）にせず、女性の健康と権利を尊重し、当事者を中心としたケアが提供されることが大切です。

さまざまな避妊方法

少子高齢化が進む日本では、子どもを産むことを重視するような風潮を感じることもあるかもしれません。しかし、どんな時代であろうと、子どもを産むか、産まないかを決める「性と生殖に関する健康と権利（SRHR）」は国家の権利ではなく、一人ひとりが持っている個人の権利です。産む選択も、産まない選択も、どちらの選択も尊重されて、適切な情報提供のもと、医療サービスやケアに公平にアクセスできることが大切です。セックスの目的は生殖だけではありません。心や体の触れ合いから喜びや興奮、快楽を感じることは自然なことです。安全で満足できる性生活のためにも避妊や性感染症に関して知っておきましょう。

よくある避妊の誤解

適切な避妊法によって妊娠をコントロールできることは、女性が自分の望む人生を送るためにも非常に重要です。しかし、避妊に関しては迷信が多く、大人でも勘違いしている人は少なくありません。以下は、よくある避妊についての誤解です。

● **外出し（腟外射精）すれば妊娠しない→×**
射精前に精子がもれて、妊娠する可能性がある。

● **「安全日」だから妊娠しない→×**
排卵日の予測は難しく、絶対妊娠しない「安全日」と断言できない。

● **射精後、腟を洗えば妊娠しない→×**
精子はすみやかに子宮に入り、妊娠する可能性がある。

ふだんの避妊法

日本で選択できるおもな避妊法は以下の3種類です。どんな避妊法を利用するか決めることは、女性自身だけでなく、パートナーにも責任があります。自分たちに合った避妊法を選択しましょう。

● **男性用コンドーム**
ペニスに装着する。性感染症を予防する効果がある。破損や脱落がおこりうる。コンビニや薬局で購入でき、12個入りの場合600〜1200円程。1年間の妊娠率は、2〜13％。

● 低用量ピル（経口避妊薬）

女性が毎日1錠ずつ飲む。生理痛やPMS（月経前症候群）を軽減する効果もある。吐き気や不正出血が起こりうるが、開始3カ月くらいでおさまることが多い。まれに血栓症がおこりうる。産婦人科などで処方され、1カ月分で600円〜3000円程[※1]。1年間の妊娠率は、0.3〜7％。

● 子宮内避妊具（IUD・IUS）

産婦人科で3cmくらいの器具を腟から入れて子宮内に装着する。一度装着すれば5年間、高い避妊効果が続く。IUSは、生理痛を軽減する効果もある。装着時の費用は、1万円〜8万円程[※1]。1年間の妊娠率は、0.5〜0.8％。

海外には、腕に埋め込むと効果が3年間続く「避妊インプラント」、3カ月おきに注射する「避妊注射」、腕に貼る「避妊パッチ」、腟に入れる「避妊腟リング」など日本未承認の多様な避妊法が存在します。男性用コンドームだけでなく女性用コンドームもあります。

日本では男性用コンドームが避妊法の主流ですが、その背景には、女性主体の避妊法へのアクセスのしづらさや、そもそも選択肢が乏しいという問題があります。

もしものときの緊急避妊薬

緊急避妊薬（通称：アフターピル）は、コンドームの破損や脱落などの避妊の失敗や、性暴力被害など、避妊が不十分だったセックスの後、なるべく早く72時間以内に飲むことで妊娠を避けることに役立ちます（妊娠阻止率：85％）。以前使用されていた薬（ヤッペ法）は、嘔吐などの副作用が出やすかったですが、現在使用されている薬は、安全性が高く重い副作用はありません。

日本では産婦人科などを受診する必要があり[※2]、保険適用はなく、約6000円〜2万円かかります。一方、海外では薬局で数百円〜数千円で販売されており、若者に無料配布する国もあります。海外の研究では、薬が入手しやすくなっても妊娠のリスクのある行為は増加しないことが示されており、WHO（世界保健機関）は、「意図しない妊娠の不安を抱えるすべての女性と女の子に緊急避妊へアクセスする権利がある」と勧告しています。

包括的性教育の推進と同時に、性と生殖に関する健康と権利を守るための選択肢を増やし、当事者が利用しやすいシステムを整える必要があります。

※1）保険適用か自由診療かによって金額が異なります。
※2）2024年3月現在、一部の薬局で緊急避妊薬の試験販売が行われています。

病気をわざとうつされた

見えない傷を残さないで

あなたを守る法律

(民法) 第709条　不法行為による損害賠償

故意、または過失によって他人の権利、または法律上保護される利益を
侵害した者は、これによって生じた損害を賠償する責任を負う。

(民法) 第710条　財産以外の損害の賠償

他人の身体、自由、もしくは名誉を侵害した場合、または他人の財産権
を侵害した場合のいずれであるかを問わず、前条の規定により損害賠償
の責任を負う者は、財産以外の損害に対しても、その賠償をしなければ
ならない。

自分が性感染症にかかっていることを知っていながら、それを内緒にして性交渉をした場合、傷害罪になる可能性があります。ただし、それで刑事事件として裁判にまでなることはほとんどないと考えられます。

しかし、性感染症をうつされたために病院に通うとなると、**治療費や通院交通費**がかかります。通院のために仕事を休んで収入が減れば、「**休業損害**」も発生します。これらは、民事上の損害賠償として、性感染症をうつした相手に請求できます。また、性感染症をうつされたことによる**精神的ショック**に対する慰謝料が認められる場合もあります。

彼氏に性感染症をうつされた。どうやら浮気していたらしい。彼氏に治療費を請求できる？

事例

彼氏が性感染症にかかっていることを、自分で認識していたかどうかによります。まったく認識できていなければ、治療費の請求は難しいです。

明らかに性感染症の症状が出ていたのに、「大丈夫だろう」と勝手に思い込んでいた場合は、「過失がある」ということで、治療費を請求できる場合もあります。

自分が性感染症であると認識しており、すでに病院にも行って診断が出ていた場合などは、「故意がある」ということで、治療費が請求できる可能性が高いでしょう。

ただし、彼氏が「あなたが浮気をして性感染症になり、自分はあなたからうつされた」などと言い張った場合、「彼氏からうつされた」ことを立証するのはかなり困難です。

彼氏の責任をとことん追及したいのであれば、浮気をしたかどうか、性感染症を自覚していたかどうかなどについて話し合いをして、その様子を録音しておくとよいでしょう。また、診察代や薬代の領収証などもきちんと保管しておきましょう。

ANSWER

さまざまな性感染症

性感染症は、キスやセックス（口腔性交、腟性交、肛門性交）など性的な接触で体液（腟分泌液、精液、唾液、血液など）が粘膜や性器周辺の皮膚に触れることなどによって感染します。不特定多数の人とセックスする人だけが感染するというわけではなく、身近に起こりうるものです。

HIV・AIDS（エイズ）
免疫力が低下し、エイズを発症すると死亡することがある。飲み薬などの治療を早期に開始し継続すると、セックスをしても相手にうつさないくらいウイルス量を抑えられ、エイズを発症しないようにできる。

梅毒
性器のしこりや手足の発疹など多様な症状が出る。場合によって死亡することがある。筋肉注射で治療する。

クラミジア
症状が出にくい。不妊症の原因になることもある。飲み薬で治療する。

淋菌
性器から膿が出たり、発熱したりする。点滴や飲み薬で治療する。

ヘルペス
性器や口に痛がゆい水ぶくれや発疹が出る。疲労で再発することもある。塗り薬や飲み薬で治療する。

HPV感染症
尖圭コンジローマ、子宮頸がん、肛門がん、咽頭がんなどの原因になる。予防のためのHPVワクチンがある。

上記以外にもさまざまな性感染症があり、感染のしやすさ、症状、検査法、治療法はそれぞれちがいます。基本的な予防法は性的接触をしないことや、コンドームを正しく使用することです。しかし、梅毒やHPV感染症は、コンドームを使用していても感染することがあります。産婦人科や泌尿器科などで性感染症の検査（尿検査、腟分泌物検査、血液検査など）や治療を受けられます。また、全国の保健所では無料、匿名でHIVや梅毒の検査を受けられます。自分が治療を受けても、パートナーが感染したままだと再感染してしまうため、パートナーも検査や治療を受ける必要があります。

SOCIAL NETWORKING & INTERNET

Chapter **2**

SNS・インターネット
のトラブルと法律

画面の向こうで悲しんでいる人がいる

あなたを守る法律

プロバイダ責任制限法 第1条　趣旨

この法律は、特定電気通信による情報の流通によって権利の侵害があった場合について、特定電気通信役務提供者の損害賠償責任の制限および発信者情報の開示を請求する権利について定めるとともに、発信者情報開示命令事件に関する裁判手続きに関し必要な事項を定めるものとする。

インターネットは100％自由な場ではない

現在、インターネット上では、匿名性を悪用した誹謗中傷などの問題が多数生じており、大きな社会問題となっています。インターネットは手軽に誰でも意見を発信できるという利点があり、時に社会的議論を巻き起こすこともあり、非常に有意義なツールです。したがって、プロバイダは「表現の自由」という重要な憲法上の権利の実現を担っているといえます。

しかし、個人がなにを言ってもよいということではありません。そのため、プロバイダが責任を負う場面を制限して明確化する一方で、誹謗中傷などの権利侵害を行った者に責任追及しやすいように、プロバイダ責任法が改正されました。

誹謗中傷の相手を特定する「発信者情報開示請求」➡ P.72

CASE　ある芸能人が嫌いでSNSで誹謗中傷していたら、休業してしまった。　事例

意見を持つことは自由ですが、ネット上の発言は、それを直接本人の前で告げるのと同様の効果があります。「死ね」などという言葉は、言ったのが一人でも深く傷つき、恐怖を覚えるのは当然です。それを1万人から言われたら、耐えられずに精神を病んだり、自死を選んでしまったりすることは容易に想像できます。

そのような社会的背景もあり、刑法の侮辱罪が改正され、刑罰が一気に重くなりました。

ANSWER

侮辱罪が厳罰化➡ P.70

関連条文

刑法 **第231条　侮辱**

度を超したうわさ話、誹謗中傷➡ P.68

刑法 **第233条　信用毀損および業務妨害**

刑法 **第234条　威力業務妨害**

偽計業務妨害・威力業務妨害➡ P.116

刑法 **第261条　器物損壊等**

1　前3条に規定するもののほか、他人の物を損壊し、または傷害した者は、3年以下の懲役、または30万円以下の罰金、もしくは科料に処する。

高校生です。飲食チェーン店で、友人がテーブルの調味料のボトルを舐めたりするのがおもしろくて、撮影してSNSにアップした。

刑法の偽計業務妨害、器物損壊にあたります。また民事的にも追及される可能性があります。「仲間内でウケるから」「SNSでバズりたい」などの軽い動機からそんなことをしても、誰も得しません。

ANSWER

通常どおりの業務を行うのを妨げる犯罪 ➡ P.117

解説　投稿された動画は犯罪の証拠動画

2023年1月、回転寿司チェーン店で、備え付けの醤油の差し口や未使用の湯呑みを舐め回して元の位置に戻したり、回転レーン上の寿司に、指につけた唾液を何度も擦りつけたりする様子を投稿した少年の動画が炎上。そのチェーン店の株価は暴落し、一時、時価総額が160億円以上も下落したとされる大損害を被りました。この事件では、会社が少年に対し損害賠償請求訴訟を提起したほか、警察が器物損壊罪で少年らを書類送検し、検察庁は家庭裁判所に送致しました。

このような「迷惑動画」の内実は「犯罪動画」であり、犯罪の動かぬ証拠です。刑事・民事ともに重い責任を負い、深く反省しても、デジタルタトゥーにより今後長きにわたって人生がうまくいかない可能性もあります。他人が同じことをしたら自分はどう感じるか、誰かに迷惑がかからないかということをよく考えて行動することが重要です。

ポイント　デジタルタトゥーを完全に消すのは難しい

デジタルタトゥーとは、インターネット上に流れた情報やコメント、動画は、完全に消去することが難しく、半永久的に残るという現象のことです。最近は、企業が人を採用する際、名前をネットで検索して過去に犯罪歴がないかどうか、SNSで不適切な投稿をしていないかなどを調べることも多いようです。単なる悪ふざけのつもりが、取り返しのつかないことになりかねません。

ただし、そのような情報がネットに残り続けることには問題もあります。重大犯罪や公共性のある情報ならともかく、罪を償って新たに出発することもとても重要だからです。「忘れられる権利」と呼ばれているものです。最高裁は、検索結果の表示の社会的意義と比較し、個人のプライバシー保護が明らかに優越する場合には削除が認められるという判断をしています。

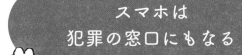

スマホは犯罪の窓口にもなる

スマホはいまや生活に欠かせない必需品です。

しかし、使い方を誤ると、いとも簡単に犯罪者になってしまう危険性を併せ持っています。

盗撮は、スマホの普及で爆発的に数が増え、小学生の間でも行われています。中高生や大学生が、修学旅行や部活合宿などで友人の入浴場面を盗撮し、それが仲間内に拡散されて、被害者が学校に行けなくなる事態も生じています。

このような事態に対応するため、盗撮は「性的姿態撮影罪」という刑罰の重い犯罪となりました。おもしろ半分だった、では済まされません。

また、盗撮でなくても、他人の性的画像を同意なくネットに上げる行為は、「リベンジポルノ防止法」で厳しく処罰されます。

「闇バイト」も問題になっています。ネット上には、「高額」「日払い」などの魅力的な言葉が並んでいます。

安易に応募し、凶悪犯罪の実行犯として利用され、逮捕されて長期間服役するような事態が生じています。

ほかにも、高さ22mの商業施設の屋上から買い物カートを投げ落とした動画を投稿した中学生は、殺人未遂容疑で逮捕されました。

本人は「遊びのつもりだった」と供述をしているようで、幸いケガ人もいませんでしたが、それなら許されるわけではありません。

カートを屋上から投げ落として人に当たってしまったら、ケガをしたり、死んでしまったりするかもしれないということは、中学生なら容易に想像がつくでしょう。

それでもあえてカートを落としたというのは極めて悪質です。「犯罪だと知らなかった」「犯罪だと思わなかった」という弁解は通りません。

現在、警察ではSNS上での犯罪捜査に力を入れています。動画は、その犯罪行為があった動かぬ証拠ですので、逮捕されても言い逃れができません。

保護者は子どもにスマホを渡す際、リスクを十分に理解し、使い方について約束事を決めることが重要です。指一本で簡単に犯罪者になってしまうかもしれません。スマホを「犯罪の道具」にしてはなりません。

民事裁判と刑事裁判

わたしの意思を
伝える場

あなたを守る法律

憲法 第31条

何人も、法律の定める手続きによらなければ、その生命、もしくは自由を奪われ、またはその他の刑罰を科せられない。

憲法 第32条

何人も、裁判所において裁判を受ける権利を奪われない。

法律相談の際、「民事と刑事は、どう違うんですか？」とよく聞かれます。

ざっくり分けると、**刑事裁判は被告人が無罪か有罪か、有罪の場合はどのくらいの刑にするのか、を決める手続きで、民事裁判はそれ以外**、とお答えしています。

刑事裁判をするよう裁判所に求められるのは検察官だけです（起訴独占主義）。裁判所や一般の人が「これは刑事裁判にすべきだ」と思っても、検察官の判断に委ねるほかありません（例外として検察審査会があります）。

被告人には、無罪推定の原則が働いており、有罪を立証するのは検察官の責任です。立証に失敗すると無罪になります。

民事裁判にはさまざまな種類がありますが、基本的には一般の人どうしの揉めごとの解決を目指す手続きです。たとえば、貸したお金が戻ってこない場合、貸した人が相手を訴えます。そこで、相手が「借りたのではない、もらった」と主張すると、お金を貸した人は、「あげたのではなくて貸したのだ」ということを立証することになります。立証に成功すれば、裁判所は「〇〇円払え」という判決を、失敗すれば「請求を棄却する」という判決を下すことになります。

民事裁判と刑事裁判では、手続きがまったく違います。もし紛争に関わることになったら、一度専門家に相談することをおすすめします。

	民 事 裁 判	刑 事 裁 判
裁判を起こす人	権利等を主張する人 （弁護士は原告の「代理人」）	検察官 （犯罪の被害者には裁判を起こせない）
裁判（審理）の対象	権利・義務の有無　など	有罪か無罪か、有罪の場合の量刑
請求する内容	・金銭の支払い ・物（土地建物含む）の引き渡し ・謝罪広告 ・行為の差し止め ・子どもの引き渡し・離婚　など	被告人の処罰 ・死刑　懲役　禁錮　罰金　拘留　科料 ・付加刑（没収）
根拠となる法律 （手続法）	・民事訴訟法 ・人事訴訟法 ・行政事件訴訟法　など	刑事訴訟法　など
立証責任	原告・被告に分配	検察官
訴えられた人の呼び名	被告	被告人

・・・・・・・・・・・・・・・・・・・・

民法は、日常生活に関わる問題を解決する手続きです。財産だけではなく、家族の問題も民法に定められています。

民法で大事な原則は「私的自治の原則」と「過失責任の原則」です。

「私的自治の原則」とは、一般の人が自由に自分の生活に関する事柄を決めてよい、という原則です。誰にどんな物をいくらで売るのか、ということについては、売る人と買う人の双方が納得するのであれば、自由に決めてよいのです。しかし、後から「壊れたものを騙されて買った」などということが出てくると争いになります。

「過失責任の原則」とは、自分が誰かに損害を与えてしまった場合、それがわざと（故意）または、うっかり（過失）でないかぎり、責任を負わないということです。たとえば、車の運転中にビルから人が路上に落ちてきて、ブレーキを踏む時間もなく轢いてケガをさせてしまったとしても、通常はそれを予測して避けることはできません。その場合、運転者には、ケガについての責任はない、ということになります。しかし、ケガをした人が「運転者は落下に気づいていたし、避けられた」と主張するのであれば、これも争いになります。

「故意」と「過失」とは？ ➡ P.19

・・・・・・・・・・・・・・・・・・・・

あなたが誰かを相手に慰謝料請求の民事裁判を起こし、闘いの末、勝訴判決を得たとします。相手も控訴をせず、判決が確定しました。では、慰謝料はいつ入ってくるのでしょうか？

実は相手が自発的にお金を支払わないかぎり、裁判で勝訴しただけでは、お金を回収することはできません。支払われない場合は、「強制執行」を行う必要があります。強制執行とは、相手の財産を差し押さえてお金に換えて、債権を回収する手続きです。

しかし、相手の財産がどこにあるのか、どんな仕事をしているのかもわからなかったり、そもそも無職で財産もない人であれば、判決で得られた金額を回収することはできません。その場合、判決はまさに「絵にかいた餅」なのです。したがって、訴える場合は、「勝てるかどうか」だけではなく、「勝った場合にお金の回収が可能かどうか」まで見通しておくことがとても重要です。

解説 裁判では「真実が勝つ」とはかぎらない

刑事裁判には「疑わしきは罰せず」の原則があります。

そのため「検察官が犯罪を証明できないときには、被告人を有罪にすることができない」というルールになっています（刑事訴訟法第336条）。しがたって、**被告人は、有罪の判決が出るまでは「無罪」と推定されます。**

たとえ真実は「被告人が犯罪を行った」のだとしても、法廷で検察官がそのことを証明できなければ、被告人は無罪になります。

民事裁判でも、原告と被告で主張が食い違ったときには、**原則として原告が自分の主張を証拠によって証明しなければ、「真実」であっても、裁判所には認めてもらえません。**

このように裁判では「真実」どおりの判断・判決が出されるとはかぎりません。「常に真実が勝つ」わけではないのが裁判です。

刑事裁判でも慰謝料を請求できる場合

犯人を処罰する刑事裁判では、被告人に慰謝料を強制的に請求できないのが原則ですが、実は例外があります。「損害賠償命令の申し立て」という制度です。

この制度は、被害者が申し立てを行えば、被告人に有罪判決を下した刑事事件の裁判官が引き続き審理を行い、被告人に対して損害賠償を命じてくれます。

その際、被告人を有罪にしたときと同じ証拠書類などを用いて判断をしてくれます。また申し立て手数料が原則2000円と格安、審理回数も4回以内と通常の民事裁判に比べて早く決定をしてくれます。

ただし、被告人が無罪の場合には、申し立ては却下となります。また損害賠償命令の決定に被告人が「異議」を出すと民事裁判に移行します。

この制度を利用できるのは、殺人、傷害、不同意性交等、不同意わいせつなど一定の種類の犯罪です。

このほか、刑事裁判の最中に、被告人から裁判外で任意の被害弁償の申し出を受けて、和解する場合があります。その和解の内容は、裁判所で「公判調書」に記載してもらうことができます。そうすれば、被告人が和解の内容に従わずお金を払わないなどの場合に、強制執行ができるようになります（刑事和解）。

ポイント

[民法] **第521条　契約の締結および内容の自由**

1　何人も、法令に特別の定めがある場合を除き、契約をするかどうかを自由に決定することができる。

2　契約の当事者は、法令の制限内において、契約の内容を自由に決定することができる。

関連条文

度 を 超 し た う わ さ 話、誹 謗 中 傷

言葉の刃はお届け不要

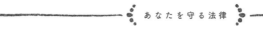

あなたを守る法律

刑法 第230条　名誉毀損

1　公然と事実を摘示し、人の名誉を毀損した者は、その事実の有無にかかわらず、3年以下の懲役、もしくは禁錮、または50万円以下の罰金に処する。
2　死者の名誉を毀損した者は、虚偽の事実を摘示することによってした場合でなければ、罰しない。

刑法 第231条　侮辱

事実を摘示しなくても、公然と人を侮辱した者は、1年以下の懲役、もしくは禁錮、もしくは30万円以下の罰金、または拘留もしくは科料に処する。

SNSで同級生が、私のことを「ブス」「デブ」と中傷する内容や、「整形をしている」など事実ではないうわさを書き込んだ。

サービスに問い合わせフォームなどがあれば、まずそこに状況を記載して削除を求めてみましょう。
法的措置をとるなら、中傷やうわさを証拠として保全する必要があります。そのうえで、SNSを運営している管理者に、中傷やうわさの削除を求めることができます。

解説 名誉毀損と侮辱の違い

インターネット上の愚痴や悪口、うわさ話なども、度が過ぎれば名誉毀損罪や侮辱罪に該当します。名誉毀損罪は、以下の条件を満たす場合に成立します。

① 「公然と」……大勢の人の前などで
② 「事実を摘示して」……「本当の事実」や「虚偽の事実」を示して
③ 「人の社会的評価を低下させた」……世間や周囲からの評価を下げた

ここでいう「事実」は、その内容が本当かどうかは関係ありません。そのため、嘘の内容でも名誉毀損罪の要件にあてはまります。では、「本当のことならいいのか」というと、そうではありません。**事実であっても公共性・公益性がなければ、名誉毀損になります。**侮辱罪は、名誉毀損罪と同様「公然と」「人の社会的評価を低下させる」ことですが、名誉毀損罪とは異なり、「事実を摘示」せずに悪口を言った場合などに成立します。

	名誉毀損罪	侮辱罪
条文	刑法第230条	刑法第231条
事実の摘示	必要(事実が嘘か本当かは関係ない) 例)「不倫している」「横領している」	不要(事実でない「悪口」「罵詈雑言」) 例)「給料泥棒」「無能」「ブス」「バカ」
公然と	必要	
社会的評価の低下	必要	
違法性が認められない条件	・公共の利害に関係する事実で公益目的のみのため〈かつ〉 ・真実であるか真実と信じた十分な根拠がある	特別な定めなし

プロレスラーの木村花さん（享年22）がSNSでの激しい誹謗中傷を苦に自死したことをきっかけとして、SNSなどでの誹謗中傷が社会問題化しました。同じような誹謗中傷が後を絶たず、深刻な被害が多数生じていたことから、誹謗中傷行為に対する国民の非難が高まり、加害行為への適切な処罰と抑止を目的として、2022年6月に刑法の侮辱罪の法定刑が引き上げられました。
法改正に伴う主な変更点は、以下のとおりです。

	これまで	改正後
公訴時効期間	1年	3年（刑事訴訟法第250条第2項第6号・第7号）
逮捕状による逮捕	逮捕できる場合について制限あり（刑事訴訟法第199条第1項但書）	法定刑の引き上げに伴い、制限なし
現行犯逮捕	逮捕できる場合について制限あり（刑事訴訟法第217条）	法定刑の引き上げに伴い、制限なし
刑罰	勾留・科料	1年以下の懲役もしくは禁錮、もしくは30万円以下の罰金または拘留もしくは科料

池袋暴走事故で妻子を亡くした松永拓也さんをSNSで誹謗中傷した男が、侮辱罪で東京地裁に起訴され、有罪判決を受けました。被告人は、「投稿は別の遺族に対するもので、松永さんを侮辱する意図はなかった」と主張して争いましたが、東京地裁は被告人の主張を退け、「被害者の心情に一切配慮せず、一方的に社会的評価をおとしめた」と断定しました。
法改正前の事件だったため、法定刑は「拘留・科料」という軽いものでした。拘留は「30日未満の身柄拘束」ですので、最大の刑が「拘留29日」ですが、東京地裁は最も重い「拘留29日」の有罪判決を言い渡しました。法改正後の事件については、判決内容が各段に厳しくなることが予想されます。

名誉毀損罪や侮辱罪という犯罪は、その投稿をした人が、「相手の名誉を毀損して
やろう」という「故意（わざと）」または「相手が特定されて相手の名誉が毀損さ
れてもかまわない」といった「未必の故意」がなければ成立しません。

慰謝料請求するにも、投稿した人に「故意」か「過失」があることが必要です。
相手が誰かわからない表現で書き込みを行っていれば、相手の社会的評価を下げ
ようという「故意」や「未必の故意」「過失」があるとは認められにくいと考えら
れます。

万が一、投稿を見たほかの人が、悪口の相手を特定してネットで晒すことがあっ
ても、刑罰を受けたり慰謝料を請求されたりする可能性は高くありません。

もっとも、裁判などの法的手続きでは、故意があるかどうかは書き込んだ内容か
ら総合的に判断されます。経歴や外見の特徴について書くなどして、悪口の対象
が誰か、読んだ人が想像がつく表現であれば、故意があると認められてしまう場
合もあります。

「故意」と「過失」とは？ ➡ P.19

事例

CASE カフェに行ったらサービスが最悪。あまりにも腹が立つからSNSで
悪い感想を書き込んだら、バズってしまった。誹謗中傷になる？

内容によっては名誉毀損罪や侮辱罪にあたる場合があります。
少なくとも、ひどい悪口を書き込むと、トラブルに巻き込まれる可
能性もあることを念頭に置いておきましょう。苦情は直接そのお店
に伝えるのがよいでしょう。

ANSWER

ポイント

密室でも「公然と」になる

2人きりの会議室で相手を罵倒するなどの場合は「公然と」にあたりません。しか
し2人きりであっても、聞いた人が第三者に伝えることが明らかなのに、その場に
いない他人の悪口を伝えれば、「公然と」に該当する場合があります（伝播可能性）。

誹謗中傷への対応は、大きく分けて2つあります。

①削除請求……匿名掲示板やサイトの管理者に対して書き込みの削除を求める
②発信者情報開示請求……書き込んだ人物を突き止めて、その人物に損害賠償請求
　　　　　　　　　　　　などをする

2022年の法改正で、一体的な手続きで、加害者を特定できるようになりました。
まずは削除依頼フォームなどの問い合わせ窓口を通じてサイトやSNSの運営者、
管理者に、問題の書き込みの削除を求めるという方法があります。
しかし、それでもサイト側が削除しない場合は、サイトを運営している会社に対し
て書面を送って削除を求めます。
それでもだめなら、裁判所に訴えることで削除を求めることになります。
また、警察に被害を訴えるほか、加害者を特定して民事上の損害賠償請求を行うこ
ともできます。

誹謗中傷の相手を特定する「発信者情報開示請求」

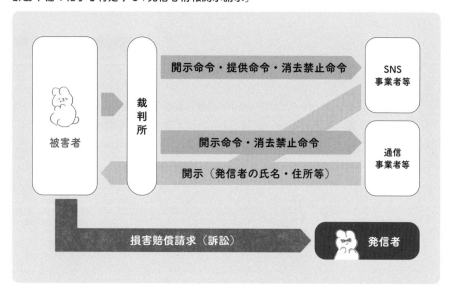

加害者を特定するには、裁判所に対し、運営会社などを相手取って「発信者情報開示」
の仮処分の申し立てや訴訟を提起します。この「発信者情報開示」は「プロバイダ責
任制限法」に定められているもので、「自己の権利を侵害された者」が、運営会社やイ
ンターネット・サービス・プロバイダ（ISP）など一定の事業者に対し、投稿や書き込
みをした者の個人情報を開示するように、裁判所から命じてもらう手続きです。

匿名アカウントは被害にあっても守られない？

「匿名アカウント」が誹謗中傷などの被害を受けたときは、その相手に法的責任を問えるでしょうか？

というのも、匿名アカウントに対しての誹謗中傷は、その持ち主の「本人」に対するものではない、とも考えられるからです。匿名アカウントは、法的には保護しなくていいという考え方もありえます。

この問題にはまだ最高裁による判例はありませんが、加害者に法的責任を問える場合もあると考えられます。

なぜならば、その行為が名誉毀損をされたアカウントの「社会的な評価」を低下させるからです。SNSなどの限定された「世界」でも、そのアカウント自体の評価はあり、その評価は「社会的な評価」といえる可能性があります。アカウントの「社会的な評価」が低下すれば、そのアカウントを使った活動に差し障りが生じるなど、「本人」にとって実害が発生する場合もあるからです。

最高裁ではありませんが、実際に匿名アカウントに対する名誉毀損を認めた裁判例もあります。

刑法 第230条の2　公共の利害に関する場合の特例

1　前条第1項の行為が公共の利害に関する事実に係り、かつ、その目的が専ら公益を図ることにあったと認める場合には、事実の真否を判断し、真実であることの証明があったときは、これを罰しない。

2　前項の規定の適用については、公訴が提起されるに至っていない人の犯罪行為に関する事実は、公共の利害に関する事実とみなす。

3　前条第1項の行為が公務員、または公選による公務員の候補者に関する事実に係る場合には、事実の真否を判断し、真実であることの証明があったときは、これを罰しない。

民法 第723条　名誉毀損における原状回復

他人の名誉を毀損した者に対しては、裁判所は、被害者の請求により、損害賠償に代えて、または損害賠償とともに、名誉を回復するのに適当な処分を命ずることができる。

プロバイダ責任制限法 第5条　発信者情報の開示請求

1　特定電気通信による情報の流通によって自己の権利を侵害されたとする者は、当該特定電気通信の用に供される特定電気通信設備を用いる特定電気通信役務提供者に対し、当該特定電気通信役務提供者が保有する当該権利の侵害に係る発信者情報のうち、特定発信者情報以外の発信者情報については第1号および第2号のいずれにも該当するとき、特定発信者情報については次の各号のいずれにも該当するときは、それぞれその開示を請求することができる。

　①当該開示の請求に係る侵害情報の流通によって当該開示の請求をする者の権利が侵害されたことが明らかであるとき。

　②当該発信者情報が当該開示の請求をする者の損害賠償請求権の行使のために必要である場合その他当該発信者情報の開示を受けるべき正当な理由があるとき。

ネットやSNSで脅された

画面の中の凶器

━━ あなたを守る法律 ━━

[刑法] 第222条　脅迫

1　生命、身体、自由、名誉、または財産に対し害を加える旨を告知して人を脅迫した者は、2年以下の懲役、または30万円以下の罰金に処する。
2　親族の生命、身体、自由、名誉、または財産に対し害を加える旨を告知して人を脅迫した者も、前項と同様とする。

負けた試合に出場していたスポーツ選手に対し、「お前のせいで負けた」などの批判が殺到。中には、「家族もろともぶっ殺す」などの文言もあった。

「ぶっ殺す」と書かれたメッセージは「生命に害を加える旨を告知して脅迫する」行為に該当し、刑法上の脅迫罪が成立します。警察への被害届の提出や、民事上の損害賠償や慰謝料の請求などを検討する余地があります。また、SNSの運営会社へ「報告」すれば、脅迫してきた人のアカウントを凍結できる場合があります。

解説 「害悪の告知」とは？

「脅迫」とは生命、身体、自由、名誉または財産に対して、害を加える旨を伝えて脅す行為です。これを、「害悪の告知」といいます。「○○されたくなければ××しろ！」といった具合に、金銭や行為を要求しなくとも成立します。
害悪の告知には、「殺す」「刺す」「家に火をつける」「デマを流す」「個人情報を晒す」などがあります。

SNSでの脅迫に法的措置をとるには、準備が必要です。脅迫する言葉が書かれたメッセージや投稿と、それらを送ってきたアカウントがわかるよう、スクリーンショットや印刷などをしておきます。
準備をしたら、警察署へ電話をして相談したい内容を告げれば、準備すべきことを指示してくれます。その指示に従って、必要な資料の提出や説明を行います。

誹謗中傷の相手を特定する「発信者情報開示請求」➡ P.72

応援していたスポーツチームが負ける、芸能人がスキャンダルを起こす……などのケースで、当事者とは無関係の人がSNSで誹謗中傷したり脅迫行為を行うことが日常化しています。
SNSで発信するということは、相手の人も含め、世界中の人々にその言葉が届くということです。居酒屋で仲間と憂さ晴らしをすることとは次元が違います。本人に対して面と向かって言えることなのか、自分が逆の立場だったらどう感じるか、よく考えてから発信しましょう。

CASE

20歳の男子学生。ネットで出会ったとても魅力的な外国人女性が下着姿を見せてくれた。思わず夢中になってしまい、画面越しに自慰行為を見せてしまったところ、強面の男性が出てきて「あなたの自慰行為を撮影した。ばらまかれたくなかったら10万円分の電子マネーを振り込め」と脅されてしまった……。

男性の被害の典型例は、性的画像を撮られて金銭を要求されることです。個人の意思を制圧して財産を奪おうとする行為なので、恐喝罪や脅迫罪にあたる可能性があります。すぐに警察に相談したほうがよいですが、海外のサーバーを経由しているなどの事情で、警察の捜査が及ばないことが多いようです。

ANSWER

解説　「あなたの性的画像をばらまくぞ」——セクストーションとは？

「セクストーション（Sextortion)」による被害が増えています。

セクストーションとは、「性的な」という意味の「セックス（Sex)」と「脅迫・ゆすり」を指す「エクストーション（Extortion)」を合わせた造語で、一般的には「性的脅迫」と訳されています。

自分の性的満足を得るため、脅迫によって交際を強要することなどを目的とするものもありますが、金銭を目的としたものも多く、世界各国に犯罪的な組織があるともいわれています。

手
続
き

もし脅されたときは？

会話のやりとりなどは、スクリーンショットをとるなどして保存しておきましょう。いきなり加害者をブロックするなど、連絡がつかないようにしてしまうと、相手がかえって逆上して性的画像をネットに拡散させてしまうなどのおそれもあります。被害を最小限にとどめるためには、相手との連絡可能な状態を維持したうえで、早めに警察に相談することをおすすめします。警察でインターネットに流れている画像を削除する手続きをしてくれる場合があります。

ただし、もうかなり広い範囲に出回ってしまっていて、削除しきれない場合もあります。その場合、誰かに「これはあなたでは？」と聞かれることがあるかもしれません。そのときは、「違う」と否定し続けるようにしてください。

CASE

18歳の高校生女子です。ネットで知り合った人から、「性的画像を送ってくれたら10万円あげる」と言われ、お小遣い欲しさに送ってしまいました。すると、「もっと過激な画像を送らないとばらまく」と言われたため、何度も送っています。約束のお金は振り込まれません。どうしたらいいでしょうか。

被害者が女性の場合、性的画像自体がコンテンツとしての商品的価値があるため、画像を集めるためにさまざまな手段が使われています。画像を送らないと本当にばらまかれるかどうかは不明ですが、追加で送らず、すぐに警察に相談してください。

ANSWER

解説 **性的な自撮り画像、どう使われるかわからない！**

「自画撮り」とは、「自撮り」と同じ意味で使われることもあれば、性的な動画や画像を自ら撮影することに限って使われることもあります。
自撮りや自画撮り自体には問題はありませんが、それをSNSに投稿したり誰かに送ったりすることには、次のようなリスクがあります。

- 個人が特定されて、ストーカー被害や性被害にあう
- 顔写真と裸の写真を合成して、ネットに流される
- 後日、「言うことを聞かないとばらまく」などの脅しに使われる
- アダルト関連サイトに売られてインターネットに流されたりする

これは、親しい間柄であっても起こりうることです。相手との関係が悪化したとき、相手がどのようにその写真を使うかはわかりません。一度送ってしまうと、それを使って「ばらまくぞ」と脅して要求をエスカレートさせることにもなりかねません。
顔にモザイクをかけるなどの加工をしても、後から外せる場合があります。安易に人に性的な自画撮りを送らないようにしましょう。

写真からは思った以上の情報がバレる ➡ P.107

出会い系でうそをつかれた

いくらでも自分をよく見せられる空間

❧ あなたを守る法律 ❧

（出会い系サイト規制法）**第1条　目的**

この法律は、インターネット異性紹介事業を利用して児童を性交等の相手方となるように誘引する行為等を禁止するとともに、インターネット異性紹介事業について必要な規制を行うこと等により、インターネット異性紹介事業の利用に起因する児童買春その他の犯罪から児童を保護し、もって児童の健全な育成に資することを目的とする。

マッチングアプリは、出会いに欠かせない重要なツールとなりました。忙しくて出会いがない人や、同じ趣味の人を探したい人などが積極的に利用しており、マッチングアプリで出会って結婚に至る人も増えているようです。

ただし、マッチングアプリで未成年者がストーカーや性被害、その他の犯罪被害にあうケースがあるため、児童を性行為の相手として誘う書き込みをすることなどは、出会い系サイト規制法で禁止されています。

事例

真面目に結婚を望んでいる28歳女性です。アプリでマッチした男性のプロフィールに、「国立大学工学部卒、自動車メーカー勤務、30歳」と書いてあり、写真も誠実そうだったので、期待して会いに行きました。写真とはまったくの別人でしたが、写真を盛るのはよくあることですし、話も合うので交際することにしました。ところが、会うたびに話のつじつまが合わないことが増え、よくよく聞くと学歴も嘘で、無職でした。これって詐欺で訴えられますか？

詐欺罪は、だまし行為によって経済的損害が発生することが必要です。プロフィールの嘘や写真の盛りすぎは詐欺罪とはなりません。ただし、多額のデート代を負担していたり、嘘が発覚してとても傷ついたという事情があれば、損害賠償請求ができる場合もあります。

婚約者にお金をだまし取られた ➡ P.182

ANSWER

信用できる人か慎重に判断しよう

ポイント

マッチングアプリでは、大人であってもさまざまな被害にあう可能性があります。実際に会う前にある程度メッセージでやりとりをする安心感から、短期間で交際に発展しやすく、相手の身元が正確にわかっていないこともあります。

たとえば、名前や住所、学歴、職業、年収などを偽っているのに、偽造した卒業証書や源泉徴収票を信じ込んでしまい、後ですべて嘘とわかり、トラブルに発展することもあります。また、結婚資金としてお金を預けたとたん行方不明になったり、遊びで性行為できる相手を探していたりする人もいるようです。結婚後に、過去の離婚歴や認知した子どもがいることが発覚することもあります。日頃の言動に不審な点がないかなどを十分に確認して、相手が信用に足る人か確認することが重要です。

やりとり・秘密を晒された

解説 プライバシー権ってなに？

プライバシー権とは、自分の個人情報をコントロールする権利です。自分の名前や住所、家族、学歴や職歴、趣味などの「私的事項」について、勝手に公表されることが許されると、その人の尊厳が侵害され、安心して生活することができません。

守られるべき私的事項には「性的指向」「性自認」も含まれます。特に、性的マイノリティであることを勝手に公表すること、いわゆる「アウティング」は、プライバシー権の侵害であり、絶対に許されません。

メッセージアプリでの会話をスクショなどで勝手に第三者に公表することは、その人を傷つけるだけでなく、憲法第13条で保障されるプライバシーの侵害や、刑法の名誉毀損罪に該当する可能性があります。ただし、誰のメッセージなのかわからないように加工してある場合などは、違法にならない可能性が高いでしょう。

別れた彼女が自分への腹いせに、交際期間中のLINEのやり取りをSNSで晒しています。僕のアイコンは隠されていますが、友人たちは僕だとわかっているので、イジってきて困っています。こういうのって、なにか犯罪にならないんですか？

特定の人だけにわかるような晒し行為が犯罪になることはほぼないでしょう。民法上のプライバシー侵害にはなるでしょうが、民事訴訟で違法性が認定されるのかは場合によりけりです。
まずは元彼女にそのようなことをやめるようお願いし、それでもやめないなら弁護士から警告してもらうなどの措置をとりましょう。

趣味で子育て漫画を描いてSNSで発信していて、多くの支持をいただいています。子育て世代にウケそうな我が子のかわいいエピソードを描いていますが、時々顔写真も載せています。具体的な内容のほうがバズるので、今後は写真を増やしたり、失敗話も発信していこうかと考えていますが、問題はないですよね？

将来、子どもからプライバシー侵害で訴えられる可能性はあります。子どもが未成年者の間、親権者は、子どもを監護・養育する権利・義務があります。だからといってなにをしてもいい、ということではありません。仮に子どもが「いいよ」と言っていたとしても、まだ子どもですから、さまざまなことをよく考えてそのように言ったとはかぎりません。後々友だちにからかわれたり、「そんなことは知られたくなかった」と悩むかもしれません。子どもは親の所有物ではなく、一人の独立した人格ある人間です。親からすれば微笑ましいエピソードであっても、子どもが成長したら誰にも知られたくないことかもしれません。「SNSでバズりたいから」という理由で子どものプライバシーを侵害し、傷つけてしまうことのないよう注意が必要です。

偽ブランド品の販売

あなたを守る法律

［商標法］第1条　目的

この法律は、商標を保護することにより、商標の使用をする者の業務上
の信用の維持を図り、もって産業の発達に寄与し、あわせて需要者の利
益を保護することを目的とする。

商標はなんのためにある？

消費者は、商品を購入したりサービスを受ける場合、どの企業が製造・提供したのか、を基準にすることが多いと思います。その企業に対する信頼性で、安心・安全な生活を送るためです。また、企業としても、「我が社の商品やサービスは質が高く安全です」などとアピールして、利益を上げることが必要です。**その商品やサービスの目印となるのが「商標」です。**商標法は、この「目印」を保護することで、企業の円滑な経済活動と消費者の利益を守るために制定されています。

 気軽な気持ちで、偽物のブランド品をフリマサイトに出品した。事例

商標権違反で処罰される可能性があります。商標権というのは、商品やサービスについた目印（商標）の保護を目的とする権利です。偽物だという認識がなくても処罰されます。

「高額」「即金」闇バイト ➡ P.146
婚約者にお金をだまし取られた ➡ P.182

 かなり傷がついている古いブランド品バッグを、新品同様に加工してネットオークションに出品した。事例

新品とだまされて相場より高い金額で落札する場合、民法上の詐欺に当たり取引行為が取り消されたり、より悪質な場合は刑法の詐欺罪として処罰される可能性があります。

（商標法）**第78条　侵害の罪**関連条文
商標権または専用使用権を侵害した者は、10年以下の懲役もしくは1,000万円以下の罰金に処し、またはこれを併科する。

「表現の自由」といえば
なんでもOK？

> 憲法 第21条　表現の自由（一部抜粋）
> 1　集会、結社および言論、出版その他一切の表現の自由は、これを保障する。
> 2　検閲は、これをしてはならない。

表現の自由（憲法第21条）は、憲法の中でも「優越的地位」を占める重要な権利といわれています。自由な表現活動によって個人が人格を形成したり、政治参加することが可能となるからです。民主主義の根幹をなす権利といえます。

しかし、表現の自由といえども、無制限に認められるものではありません。ほかの権利とぶつかり合うケースはたくさんあります。表現の自由と、そのほかの権利のどちらが優先されるかについては、個別事情を検討して総合的に判断されます。

わいせつ表現

漫画家のろくでなし子さんが、女性器を型取りした作品を展示し、データを配布した罪（わいせつ物陳列罪、わいせつ物頒布罪）で逮捕・起訴されました。ろくでなし子さんは、女性器がわいせつ物とされることに問題意識を持ち、作品を制作したそうです。「わいせつ物陳列罪」は無罪が確定しましたが、わいせつ物頒布罪は有罪が確定しています。

児童ポルノ禁止法は、児童に対する性的搾取および性的虐待から児童を守るために作られた法律です。アニメやCGでのわいせつ表現も規制対象にすべきという意見と、実在しない児童だから規制対象とすべきではないという意見の対立があります。

ヘイトスピーチ

人種、性別、性的指向などに対する

憎悪表現を「ヘイトスピーチ」といいます。昨今、街宣活動でヘイトスピーチを繰り返した団体や個人が、威力業務妨害罪や名誉毀損罪で有罪となったり、損害賠償が命令されたりしています。また、国会議員の発言を法務局が「人権侵犯」と認定した例もあります。

ある程度の批判や論評は表現の自由の範囲内ですが、不当な差別的言動は許されないという趣旨で、2016年にいわゆる「ヘイトスピーチ解消法」が成立しています。

著名人のプライバシー

芸能人やスポーツ選手のプライバシー報道は、どこまで許されるでしょうか。人前に出る仕事であり、不特定多数の人から見られる点に特徴がある職業です。中には、プライバシーを積極的に公開して注目を集めている人もいます。

しかし、自宅内でくつろぐ様子を隠し撮りしたり、子どもの頃の成績表や病歴等を勝手に公表したりするような場合は、プライバシー侵害を理由に、損害賠償責任が認められるケースが増えています。賠償額も増額される傾向にあります。

作品を勝手に使われた、まねされた

わたしの作品は簡単につくられたものじゃない

あなたを守る法律

(著作権法) **第1条　目的**

この法律は、著作物並びに実演、レコード、放送および有線放送に関し
著作者の権利およびこれに隣接する権利を定め、これらの文化的所産の
公正な利用に留意しつつ、著作者等の権利の保護を図り、もって文化の
発展に寄与することを目的とする。

このイラストかわいい！　私が描いたってことにしてSNSに投稿しよう。

著作権侵害にあたる可能性が高いです。イラストを自分が描いたことにして、みんなに見せるためにパソコンにダウンロードしていたら、その時点で、複製権（著作権法第21条）の侵害になります。著作権、出版権、著作隣接権の侵害には、10年以下の懲役または1000万円以下の罰金（著作権法第119条第1項）、著作者人格権、実演家人格権の侵害などは、5年以下の懲役または500万円以下の罰金などが定められています（著作権法第119条第2項）。

解説　著作権はなんのためにある？

インターネットやSNSが普及して、たくさんの作品に触れることができるようになりました。しかし、誰かが作った作品には「著作権」があり、それを無断で使うことは禁止されています。

そもそも著作権とは、なんのためにあるのでしょう？

私たちは生活の中で、小説や漫画を読んだり、音楽を聴いたり、絵画や彫刻のような美術作品を鑑賞したり、映画やドラマ、アニメを楽しんだりしています。

これらの作品は、作った人が、自分の考えや気持ちを自分で工夫して表現したものです。この作品のことを「著作物」、著作物を作った人を「著作者」、そして法律によって著作者に与えられる権利を「著作権」といいます。

著作権は、小説や論文、音楽、映画、写真だけでなく、ダンス、建築、地図や模型などにも与えられています。

作品には、作った人のオリジナルな発想や表現、またそれをかたちにするための努力が込められています。オリジナルを作ったその個性、それを表現するまでの努力は守られるべきものとして考えられているのです。

作った人は、著作権制度によって、作品を利用した人から「使用料」をもらうことができます。そのお金をもとに、作った人は、また新しい著作物を作ることができます。その結果、いっそう文化が豊かになるという、大きなしくみになっているのです。

事例
CASE

自分が描いてSNSに投稿した漫画。その数日後に、自分のとそっくりな漫画が公開されていた。「盗作じゃないか」と問い合わせたら、「たまたま似てしまっただけだ」と言われた。

よく似ていたとしても、それが「たまたま」ということはありえます。その場合は「依拠性」がないため、著作権侵害は成立しません。
もし訴訟をする場合には、「相手が自分の作品を参考にして作った」ということを、訴える側が証明する必要があります。
もし、相手が自分の作品を参考にして作っていた場合は、著作権侵害となります。

ANSWER

解説　著作権侵害が認められる3つの基準

他人の作った作品を参考にして作品を作ること自体が、著作権侵害になるわけではありません。どんな人も、さまざまな著作物の影響を受けて成長しています。意識せずとも、なんらかの作品を参考にしていることはよくあるからです。
著作権を侵害しているかどうかは、次の3つの基準によって判断されます。

　①既存の作品が著作物であり、著作権があるかどうか（著作物性）
　②新しく作られた作品が、既存の作品を参考にして作られたものか（依拠性）
　③新しく作られた作品が、既存の作品によく似ているかどうか（類似性）

前提として、作品のアイデアそのものは著作権では保護されません。たとえば「ねずみをモチーフにしたキャラクターを作る」という場合、「ねずみをモチーフにしたキャラクター」自体はアイデアのため、著作権で保護されません。

また、アイデアが似ていても、③の類似性が認められなければ保護対象になりません。
③の類似性の定義については、条文で明示されていませんが、これまでのさまざまな裁判の結果から「表現上の本質的な特徴」が同じかどうかで判断されます。
つまり、「ありふれた表現にすぎない」と判断された場合は、似ていても著作権侵害とは認められない可能性が高いでしょう。

学校の作文の宿題、めんどうくさいからインターネットからのコピペで全部埋めて提出した。

他人の文章・作品・論文を、あたかも自分が書いたかのように発表することは「剽窃」といい、著作権侵害となります。

解説　引用の5つのルール

剽窃とはいわゆる「パクリ」のことです。別の人の文章であるということがわかりにくい書き方をしている場合、「盗用」とみなされる可能性もあります。

著作権のあるものでも使ってもよい例外の一つが、「引用」です。引用とは、他人が書いた文章などを自分の文章の中でそのまま記載して紹介することです。

引用にはルールがあります。次の5つのルールを守りましょう。

- 文章全体を見たときに、自分の文章より引用が多くなっていない（主従関係）
- 自分の文章と明確に区別する（明瞭区分性）
- 文章を成立させるために必要である（必然性）
- 出典を明記する
- 引用元から改変しない

著作権は作品が作られたと同時に自動的に生まれます。要件を満たせば、登録や申請の手続きは一切必要なく、また早い者勝ちでもなく、作った人が持てる権利です。なお、著作権には「保護期間」があり、一定の期間が経過すると消滅することになっています。そのため、「枕草子」「源氏物語」といった文学作品には著作権はありません。ただし、その現代語訳については、訳者の個性が表れると考えられ、著作権が発生します。

自分の作品が誰かに無断で利用されていたのを見つけたら

まずは本人に連絡して取り下げてもらうようにしましょう。

「使ってもらうのはかまわないけど、自分の作品だとわかるようにしてほしい」「使ってもらってかまわないけど、お金を払ってほしい」という場合は、対応してもらうよう伝えます。

それでも対応してもらえない場合は、法的措置を検討します。

逆に、誰かの作品を利用したい場合、販売されているものであれば、きちんと購入しましょう。違法にアップロードされているものもありますが、違法と知りながら、これをダウンロードして利用した人は、2年以下の懲役もしくは200万円以下の罰金となります。

（著作権法）**第27条　翻訳権、翻案権等**

著作者は、その著作物を翻訳し、編曲し、もしくは変形し、または脚色し、映画化し、その他翻案する権利を専有する。

（著作権法）**第28条　二次的著作物の利用に関する原著作者の権利**

二次的著作物の原著作物の著作者は、当該二次的著作物の利用に関し、この款に規定する権利で当該二次的著作物の著作者が有するものと同一の種類の権利を専有する。

（著作権法）**第32条　引用**

1　公表された著作物は、引用して利用することができる。この場合において、その引用は、公正な慣行に合致するものであり、かつ、報道、批評、研究その他の引用の目的上正当な範囲内で行なわれるものでなければならない。

（著作権法）**第119条　罰則**（一部抜粋）

3　次の各号のいずれかに該当する者は、2年以下の懲役もしくは200万円以下の罰金に処し、またはこれを併科する。

　①第30条第1項に定める私的使用の目的をもって、録音録画有償著作物等の著作権を侵害する自動公衆送信、または著作隣接権を侵害する送信可能化に係る自動公衆送信を受信して行うデジタル方式の録音、または録画を、自ら有償著作物等特定侵害録音録画であることを知りながら行って著作権、または著作隣接権を侵害した者

Chapter **3**

子ども
のトラブルと法律

学校でいじめにあっている

あなたの居場所は必ずある

あなたを守る法律

いじめ防止対策推進法 第4条　いじめの禁止

児童等は、いじめを行ってはならない。

いじめをしてはいけないことは、はっきりと法律で明記されています。いじめとはなにかについても、法律で定義されています。「いじめ」の中には、犯罪行為にあてはまる行為も含まれます。たとえば、次のようなものです。

- 他人の物を壊す……器物損壊等罪（刑法第261条）
- 他人の物を盗む……窃盗罪（刑法第235条）
- 他人を脅してお金を払わせる……恐喝罪（刑法第249条）
- 他人を殴る、蹴る……傷害罪（刑法第204条）暴行罪（刑法第208条）
- 他人に水をかける……暴行罪（刑法第208条）
- 他人の悪口を言いふらす……侮辱罪（刑法第231条）
- 他人にしたくないことをさせる……強要罪（刑法第223条）

いじめに含まれる行為の多くが、刑法で禁止される犯罪行為にあたることがわかります。いじめの被害を受けたら、警察へ被害届を出すことも検討しましょう。

上記以外のいじめ、たとえば、「集団で無視をする」「口をきかないように仕向ける」といった行為は、犯罪とまではいえません。しかし、それらの行為が原因で学校に行けなくなったり、転校を余儀なくされたり、心身の不調が出た場合などには、民事裁判などの法的措置をとることも考えられます。

CASE

事例

クラスの中で孤立してしまった。先生には言いにくいし、心配をかけるので親にも言いたくない。でも死にたいくらい悩んでいる。どうすればいい？

信頼できる大人に相談しましょう。**信頼できる大人とは、SNSで個人的に優しく相談に乗ってくれる見知らぬ人ではありません。保護者や公の機関に所属する人に相談しましょう。**たとえば、学校の先生、スクールカウンセラー、地方公共団体が行っている相談窓口などです。自分で話すのが難しい場合は、SNSで相談を受け付けている機関もあるので、そちらに相談してみてください。

ANSWER

先生という立場を使ったスクール・ハラスメント

頑張るのは、

輝きたいから

あなたを守る法律

(教育基本法) **第9条　教員**

1　法律に定める学校の教員は、自己の崇高な使命を深く自覚し、絶えず研究と修養に励み、その職責の遂行に努めなければならない。

(学校教育法) **第11条　懲戒権と体罰の禁止**

校長および教員は、教育上必要があると認めるときは、文部科学大臣の定めるところにより、児童、生徒および学生に懲戒を加えることができる。ただし、体罰を加えることはできない。

(地方公務員法) **第33条　信用失墜行為の禁止**

職員は、その職の信用を傷つけ、または職員の職全体の不名誉となるような行為をしてはならない。

部活の顧問の先生は、練習中に私がなにかミスをすると「やめてしまえ」「へたくそ」とどなりつけたり、練習や試合に悪意を持って参加させなかったり、ひどいときは無視をしたりする。

部活動の指導であっても、生徒の人間性や人格を傷つけたり否定したりする言動は「パワー・ハラスメント（パワハラ）」です。

解説 **過度な指導はNG**

「運動部活動での指導のガイドライン」は、体罰問題などが多発していることを受けて取りまとめられたものです。指導において望まれる基本的な考え方、留意点を示しています。具体的には次のように記されています。

- 学校教育の一環として行われる運動部活動では、指導と称して殴る・蹴ることはもちろん、懲戒としての体罰は当然禁止されています
- 指導にあたっては、生徒の人間性や人格の尊厳を損ねたり否定するような発言や行為は許されません
- 校長、指導者その他の学校関係者は、運動部活動での指導で体罰等を厳しい指導として正当化することは誤りであり決して許されないとの認識を持ち、それらを行わないようにするための取り組みを行うことが必要です

パワハラをする先生を交代させたい場合、学校や教育委員会に、証拠を持って相談に行きましょう。各スポーツ団体の相談窓口などもあります。たとえば、公益財団法人日本バレーボール協会は「体罰・暴力の相談窓口」を設けています。法的責任を追及したい場合は、学校の問題に通じた弁護士に相談しましょう。

しかし現実には、このような先生を交代させることは簡単ではありません。特にスポーツ進学に力を入れている学校だと、周囲も先生の味方をしてしまうこともあります。パワハラの責任を追及することで、レギュラーを外されるなどの報復を受ける可能性もあります。
もしあなたが「楽しい部活」を取り戻すことが難しいと思ったら、部から「撤退」することも一つの方法です。それは恥ずかしいことでも間違っていることでもありません。いつかそのスポーツを別のところで行えることもあるでしょう。

先生からの性暴力

笑顔で
振り返りたい
青春時代

あなたを守る法律

教育職員等による児童生徒性暴力等の防止等に関する法律　第1条　目的

この法律は、教育職員等による児童生徒性暴力等が児童生徒等の権利を
著しく侵害し、児童生徒等に対し生涯にわたって回復し難い心理的外傷
その他の心身に対する重大な影響を与えるものであることに鑑み、児童
生徒等の尊厳を保持するため、児童生徒性暴力等の禁止について定める
とともに、教育職員等による児童生徒性暴力等の防止等に関し、基本理
念を定め、国等の責務を明らかにし、基本指針の策定、教育職員等によ
る児童生徒性暴力等の防止に関する措置並びに教育職員等による児童生
徒性暴力等の早期発見および児童生徒性暴力等への対処に関する措置等
について定め、あわせて、特定免許状失効者等に対する教育職員免許法
（昭和24年法律第147号）の特例等について定めることにより、教育職員
等による児童生徒性暴力等の防止等に関する施策を推進し、もって児童
生徒等の権利利益の擁護に資することを目的とする。

教職員性暴力防止法が制定された経緯
....

教師が児童や生徒に対し、わいせつ行為や盗撮を行ったというニュースが後を絶ちません。文部科学省の調査によれば、この10年ほど、毎年200人以上の公立学校教師が、生徒らに対し性暴力を行ったという理由で処分されています。被害を受けた生徒は、トラウマによって日常生活に多大な支障が生じたり、大人になってからPTSDを発症したりするなど、人生そのものに重大な影響が生じてしまいます。

この法律は、そのような教師を教育現場から排除するため、またこのような法律の存在が抑止力となって性暴力を未然に防ぐ効果が期待されています。

ポイント

ただし、ほとんどの教師は、毎日熱心に子どもたちに向き合い、子どもたちの成長のために寸暇を惜しんで努力をしています。この法律は、教師全体を非難するものではありません。わいせつ行為を行う教師を教育現場から排除することが、まじめな教師への信頼を高め、子どもたちを守ることにつながります。

事例

CASE

中学2年生の女子です。部活の先生と付き合っています。時々先生の家に行って性行為をしたり、学校でもキスをしたりしています。本気で愛しているので、これは許されますよね？　先生からは、「君が大人になったら結婚する、でも今はバレると学校で騒ぎになるから2人だけの内緒ね」と言われています。

これは明確な性暴力です。中学2年生であれば、同意があっても不同意性交等罪や不同意わいせつ罪が成立します。「内緒ね」というのは、大人から子どもに対する性暴力の際、口封じをするための常套句です。本当にあなたのことが大事なのであれば、成人するまで性的な行為をせず待つのが大人の責務です。

望んでいないのに体をさわられた ➡ P.32
望まない性行為をさせられた・レイプ ➡ P.36

ANSWER

教 職 員 性 暴 力 防 止 法 の ポ イ ン ト

目的
児童生徒等の尊厳を保持するため、教育職員等による児童生徒性暴力等の防止
等に関する施策を推進し、児童生徒等の権利利益の擁護に資すること

対象となる学校
学校教育法の幼稚園、こども園、小学校、中学校、高校など

禁止される「児童生徒性暴力等」の範囲
①子どもに性交等やわいせつ行為をすること、またはさせること
②児童買春のあっせん、勧誘、児童ポルノの所持など
③衣服の上、または直接、性的な部位などに触れること
④性的姿態に対する盗撮行為、盗撮目的での機器の差し向け・設置行為
⑤子どもに対し、性的羞恥心を害する言動であって、心身に有害な影響を与え
　ることをすること
（刑事罰とならない行為を含む、また、子どもの同意や暴行・脅迫の有無を問わ
ない）

教職員の任命権者の責務
公立学校の教育職員等の任命権者は、児童生徒性暴力等をした教育職員等に対
する適正かつ厳格な懲戒処分の実施の徹底を図る

データベースの活用
性暴力で懲戒処分を受けた特定免許状失効者等は、データベースに氏名・免許
状の失効、または取り上げの事由、その原因となった事実等に関する情報が集
約され、都道府県の教育委員会は、特定免許状失効者等になった教職員を、デ
ータベースに迅速に記録しなければならない

免許の再授与
子どもへの性暴力等を再び行う蓋然性が少しでも認められる場合は再授与を行
わない

運動部の顧問の先生から日々叱責され、理不尽な要求も拒めずにいた。ある日、先生の車に乗せられて「俺の言うことを聞かなければ、試合に出させない」と言われ、わいせつ行為を受けた。

被害者が15歳以下であれば、ただちに不同意わいせつ罪、16歳以上でも類型の⑧にあたることで、不同意わいせつ罪が成立する可能性が高いです。これにより、教員性暴力防止法で懲戒免職となれば、教員免許が失効となり、再取得はほぼありえません。

とても教育熱心で生徒思いと評判の小学校の先生が、生徒にわいせつ行為をしたとのことで逮捕されました。私の娘もお世話になっていますが、絶対にそんなことをする人ではありません。なにかの間違いか、誰かが先生を陥れるためにしくんだことではないかと思います。

一般的に、なんの証拠もなく逮捕されることはありません。性暴力で検挙される教職員は、生徒や保護者の評判がいい人が多いのが特徴です。周囲がそのような発言をすることは被害者に対する二次被害になりかねません。まずは捜査や裁判の推移を見守りましょう。

高校1年生の娘から、「妊娠した」と打ち明けられました。相手が誰なのか聞き出すと、実は担任の教師でした。しかも妊娠したと告げたら「他の人ともうすぐ結婚するから堕ろしてほしい」と言われたそうで、泣いています。どうしたらいいでしょうか。

娘さんが15歳であれば、不同意性交等罪が成立しますが、16歳になっていれば、同意のない性行為だったのかどうかが問題となります。ただし、同意のある性行為であっても、教職員性暴力防止法の対象にはなりますので、学校や教育委員会などに相談してください。結婚する予定の人がいるのに、娘さんと性行為をして妊娠までしているのですから、慰謝料などの請求も可能です。まずは娘さんの心のケアにつとめ、身体的なことは産婦人科医に相談しましょう。

子どもへの虐待

ここではない　　　どこかへ行きたい

───── あなたを守る法律 ─────

（児童虐待の防止等に関する法律）第2条　児童虐待の定義

この法律において、「児童虐待」とは、保護者がその監護する児童について行う次に掲げる行為をいう。

①児童の身体に外傷が生じ、または生じるおそれのある暴行を加えること。

②児童にわいせつな行為をすること、または児童をしてわいせつな行為をさせること。

③児童の心身の正常な発達を妨げるような著しい減食、または長時間の放置、保護者以外の同居人による前2号、または次号に掲げる行為と同様の行為の放置その他の保護者としての監護を著しく怠ること。

④児童に対する著しい暴言、または著しく拒絶的な対応、児童が同居する家庭における配偶者に対する暴力その他の児童に著しい心理的外傷を与える言動を行うこと。

小学1年生の息子が私の言うことを聞きません。罰としてご飯抜きにしたら、3日も経ってしまいました。自分で食べているようなので、死にはしないでしょう。これはしつけの範囲ですよね？

自分でこっそり食べているとはいえ、「児童の心身の正常な発達を妨げるような著しい減食」にあたる可能性が高いです。しつけのために、育ち盛りの子どもからご飯を取り上げていいことにはなりません。

パチンコが趣味です。あるイベントにどうしても行きたくて3歳の子どもを車で待たせて行ったところ、戻ってみると脱水症状でぐったりしていました。親も息抜きが必要ですよね？　これは虐待になってしまうのでしょうか？

刑法の保護責任者遺棄等罪や、児童虐待防止法の「児童の心身の正常な発達を妨げるような長時間の放置」にあたる可能性があります。幼い子を車内に放置して死亡させてしまう事件が後を絶ちません。親の息抜きは、子どもの安全が確保されたうえでなされるべきです。

女子中学生です。母は私にいつも「こんなブスは私の子じゃない」「かわいくない」と言います。先日、無理やり二重の切開手術を受けさせられました。痛かったし、私の嫌いな顔になりました。

親が子どもの意思に反し、自分の好みの顔に整形させることは、刑法の強要罪、民法の不法行為などにあたる可能性があります。容姿の好みは人それぞれで、親のエゴを押しつけるべきではありません。

〔刑法〕**第218条　保護責任者遺棄等**
老年者、幼年者、身体障害者または病者を保護する責任のある者がこれらの者を遺棄し、またはその生存に必要な保護をしなかったときは、3カ月以上5年以下の懲役に処する。

〔刑法〕**第219条　遺棄等致死傷**
前2条の罪を犯し、よって人を死傷させた者は、傷害の罪と比較して、重い刑により処断する。

性 的 同 意 年 齢

大人になるまで　　　ちょっと待って

あなたを守る法律

刑法 第176条第3項　性的同意年齢

16歳未満の者に対し、わいせつな行為をした者（当該16歳未満の者が13歳以上である場合については、その者が生まれた日より5年以上前の日に生まれた者に限る）も、第1項と同様とする。
※刑法第177条の不同意性交等罪の第3項にも同様の規定あり。

性的同意年齢が16歳になった
· ·

「性的同意年齢」とは、性的な行為に同意する能力があるとみなされる年齢のことです。2023年改正で16歳に引き上げられ、**被害者が16歳未満の場合、類型の①〜⑧がなくても、仮に被害者が同意していても、わいせつ行為や性交等が行われれば原則として、ただちに犯罪が成立します。**

不同意わいせつ罪・不同意性交等罪の8つの類型（行為・事由）➡ P.33

ポ
イ
ン
ト

改正のポイント

1907年の刑法制定からずっと、性的同意年齢は13歳でした。その年齢の子どもが性被害にあっても、大人どうしの性暴力と同様に、「同意があったのか」という視点から審理され、「被害者が黙っていたので、同意していると勘違いした」という加害者の弁解で、刑法犯では立件できないケースが相次いでいました。しかし、13歳の子どもが性的行為に直面したときに、うまく立ち回ることは不可能です。性的行為をするには、その意味を認識し、行為が自分に及ぼす影響について考えたり、その結果に基づいて相手に対処する能力が必要です。これらの能力が備わるのが早くて16歳と考えられ、116年ぶりに16歳に引き上げられました。

13〜15歳は相手が5歳以上年長の場合（5歳差要件）
· ·

ただし、13〜15歳の子どもに対する性的行為については、「5歳差要件」があり、**加害者が5歳以上年上の者でなければ原則として、処罰対象になりません。** 13歳と17歳、14歳と18歳、15歳と19歳の性的行為については、大人どうしの行為と同様の基準が適用されます。こうした例外規定が設けられた理由は、たとえば交際している14歳どうしのキスや、16歳と15歳の性行為を犯罪とすべきではない、ということからです。実際には、そうした恋愛関係に基づく性的行為で逮捕されることは、まずありません。

ポ
イ
ン
ト

この「5歳差要件」にはさまざまな問題点があります。5歳以上年上であっても、「年齢が4歳差だと思っていた」という弁解で逃げられる可能性があります。また、18歳・19歳は成人で、一人で家を借りたり車を運転したりすることもできます。アルバイトや就職である程度のお金を持っている人も多いでしょう。そのような人たちと、14歳・15歳の子が対等な関係といえるかは難しいところです。年齢差がなくても、スクールカーストなど、対等ではない関係もあります。その点は、国会でも問題視され、**5歳差未満であれば「対等な関係」とはかぎらないことに留意せよ、** との付帯決議がつきました。

わいせつ目的で子どもをたぶらかす

まだ見ぬあの人は
王子様？

━━━━━ ❀ あなたを守る法律 ❀ ━━━━━

刑法 第182条　16歳未満の者に対する面会要求等

1　わいせつの目的で、16歳未満の者に対し、次の各号に掲げるいずれかの行為をした者は、1年以下の拘禁刑、または50万円以下の罰金に処する。

①威迫し、偽計を用い、または誘惑して面会を要求すること。

※拘禁刑が始まるのは2025年6月1日以降に生じた事件から。それまでは「懲役」。

近年、SNSの発達などで、わいせつな行為をするために大人が若年者に近づくことが容易になり、若年者が性被害にあうことが増えています。そのような事態を防ぐため、2023年の刑法改正で、「面会要求等罪」が新設されました。

面会要求等罪は、わいせつ目的で、16歳未満の者に対して次のいずれかの手段で会うことを要求することで成立します（13〜15歳には、5歳差要件あり）。

①威迫、偽計、または誘惑……脅す、嘘をつく、甘い言葉で誘う
②拒まれたのに繰り返し面会を要求する
③利益供与、またはその申し込みや約束……金銭や物を与える、その約束をする

これらを「手なずけ行為」といいます。

「手なずけ行為」とは？ ➡ P.106

罪が成立した場合、1年以下の拘禁刑、または50万円以下の罰金に処せられます。さらに、①〜③の結果、わいせつ目的で実際に面会した場合は、2年以下の拘禁刑、または100万円以下の罰金に処せられます。

また、性的な写真や動画を撮影して送るよう要求した人も処罰されます。その場合は、1年以下の拘禁刑、または50万円以下の罰金に処せられます。

要求しただけ、会っただけでも処罰される

①〜③によって「会うことを要求した」だけで、まだ会ってなくても処罰されます。その後に面会し、「会ったけれど、わいせつ行為は行われていない」段階であっても処罰されます。つまり、16歳未満の人が「まだ性被害にあっていない」段階でも、加害者は処罰されます。

その実質的理由としては、このような手なずけ行為によって面会した結果、性被害にあう事例がたくさんあるからです。それを防ぐために、面会する前の手なずけ行為を処罰できないか、ということが議論されていました。

その結果、「16歳未満の者が性被害にあう危険性のない状態、すなわち性被害にあわない環境にあるという性的保護状態」を保護法益として、性犯罪に至る前の行為が処罰対象とされました。

. . . .

「手なずけ行為」とは、「希望する学校に行けるように関係者を紹介するから会おう」などと嘘をついて会うことを要求したり、「おこづかいをあげる」「家に帰りたくないなら泊めてあげる」などと、利益を与えることで面会するなどの行為をいいます。

子どもたちには、このような手口で性的行為をしようとする大人がいることを知っていてもらいたいと思います。

事例

中学生です。「アイドル目指して、ダンスと歌を頑張っています！」とSNSに投稿したら、有名なアイドルのプロデューサーをしているという男性からメッセージが届きました。「顔と全身がわかる写真を送って」と言われたので何枚か送ったところ、「とてもかわいくてスタイルもいいね！　頑張ってレッスンすればデビューできるかもしれないよ」という返信が。それからやりとりを続けるうちにある日、「歌とダンスの実力を確認したい」と言われ、ホテルの一室で会うことになりました。「まだ親には内緒にしてね。デビューが決まったらサプライズしよう」と言われました。行っても大丈夫ですよね？

とても危険です。その男性が、本当に有名なアイドルプロデューサーなのかもわかりませんし、仮に本物だとしても、中学生と会うのであれば親に連絡を取って「保護者付き添いでお願いします」とお願いするのが、常識ある大人として当然の振る舞いです。歌とダンスの実力を確認するために、「ホテルの一室」が適切だとも思われません。面会要求等罪の「偽計を用い面会を要求すること」に該当する可能性が高いです。

ANSWER

小学6年生の女子です。中学受験の勉強に行きづまって「誰か勉強教えて」とSNSでつぶやいたら、大学4年生のお兄さんと仲良くなり、メールやLINEで勉強を教えてもらって成績も上がりました。「お礼がしたい」と言ったら「裸の写真を送ってくれたら嬉しいな」と返事がきました。お世話になっているのでお礼に送ろうと思います。

絶対にやめてください。その画像をなにに使われるのかわかりませんし、「裸を見たら会いたくなった」などと言われて会いに行ったために、性被害にあうおそれがあります。勉強を教えたお礼に、小学生に裸の写真を要求するのは、まともな人ではありません。

ANSWER

写真からは思った以上の情報がバレる

SNSは「公共の場所」です。公開しているかぎり、誰もがその投稿を見ることができます。その中には、投稿から得られた情報を悪用しようとする人もいます。

SNSで自分の情報を投稿することは、個人情報を街中でばらまくのと同じです。自分が写っていなくても、写りこんでいる風景から、自宅やふだん立ち寄る場所などの位置情報を把握されてしまう危険もあります。制服姿であれば、学校は簡単に特定されてしまいます。

「家族でこれから海外旅行」などと書くのは、家を留守にすることを世間に知らせることになり、空き巣に狙われやすくなります。

インターネット上に投稿された女性の写真を見て、瞳に写りこんだ風景からその女性の自宅を割り出し、自宅に侵入して強制わいせつ致傷の被害を与えたという事件も発生しています。

写真だけでなく、自身についてのなにげないさまざまな書き込みから、住所、職場、経歴などが特定され、インターネット上で晒されるというケースもあります。

このような危険を回避するために、閲覧できる人を限定することも一つの方法です。しかし閲覧できる人があなたの個人情報を拡散するおそれも否定できません。

自分が意図した以上の情報を他者が特定して悪用するかもしれないという意識を持つ必要があります。

成人年齢引き下げ

"大人の定義"って
難しい

あなたを守る法律

（民法）**第4条　成年**

年齢18歳をもって、成年とする。

日本の成人年齢は、明治9年（1876年）からずっと20歳でしたが、2022年4月1日から、18歳になりました。

海外でもOECD加盟国の多くで、成人年齢が18歳となっています。

未成年者は、法律上、さまざまな保護が与えられている一方で、経済活動などが制限される面がありました。しかし、2016年、国政選挙や地方選挙の選挙権が18歳から認められるなど、18歳、19歳の若者が重要な権利を行使できるよう法改正されました。それに伴って、18歳、19歳の若者が市民生活上の権利を行使してより広く自己実現を図れるように、成人年齢も引き下げられたのです。

その結果18～19歳の若者は、親の同意なくさまざまな契約ができるようになり、親の親権に服することもなくなりました。

また、成人年齢が18歳になったことと合わせ、**それまで16歳だった女性の婚姻年齢も18歳となり、男女ともに18歳になりました。**

婚姻適齢は男女問わず18歳に → P.175

20歳のまま変わらないもの

以下のものについては健康被害への懸念や、ギャンブル依存症対策、非行防止、青少年保護等の観点から、成人年齢の引き下げにもかかわらず20歳が維持されることになりました。

- 養子を取ることができる年齢
- 飲酒年齢
- 喫煙年齢
- 競馬、競輪、オートレースなどの公営競技の勝馬投票券購買
- 猟銃所持の許可　など

CASE
私の息子はもうすぐ18歳になる。内容がよくわからないままに高額なお金がかかる契約をしてしまわないか心配。

18歳になれば親の同意なく契約を結ぶことができ、その場合後から取り消すことはできません。しかし、18歳という年齢では、法律をよく知らなかったり、強くすすめられて断れずに契約をしてしまったりするおそれがあります。親としては、「契約する前によく考えて、契約書を持ち帰って一度見せて」などと日頃から話すようにして、その契約書の内容で大丈夫かどうか、などを一緒に確認するようにしてください。
消費者トラブルに巻き込まれた場合、消費者ホットライン「188」に電話して相談してみましょう。

ANSWER

CASE
私は離婚して、一人娘を育てています。元夫との約束で「養育費は成人するまで支払う」と決めています。当時は20歳の認識だったのですが、法改正により、18歳までになってしまうのでしょうか?

離婚の際、当事者間で「養育費は成人するまで支払う」と決めた場合、法改正前であれば、双方ともに20歳までという認識であると考えられます。その際に20歳と決めたのは、専門学校や大学生であり、まだ社会人ではないと思われることや、就職していたとしても独り立ちできるほどの稼ぎがない可能性があることを考慮して決められることが多いと思われます。したがって、一般的には、改正前に「成人するまで」と決めていた場合は、成人年齢が18歳に引き下げられたとしても養育費の支払い期限が18歳に変更されることにはならないでしょう。
なお、今後も成人年齢が変更される可能性もあることから、養育費の期限を決める際は、「20歳の誕生日まで」「大学4年生になる年の3月まで」などと、明確に決めるようにしましょう。

ANSWER

トラブルの多いエステティックサービスなど、特定商取引法の「特定継続的役務提供」とされるもので、金額が5万円を超え、役務提供期間が1カ月を超える契約を結ぶ場合は、①事前に契約内容を説明し、概要書面を交付すること、②契約を締結したら契約書を交付することが義務付けられています。

契約書は難解ではありますが、その内容について理解してから契約を結ぶようにしましょう。法律用語は、使い方や解釈が日常用語と異なる場合も多いので、契約を結ぶ前に弁護士などの専門家に内容を確認するほうが無難です。**一度契約を締結してしまうと、後から「知らなかった」などと訴えても、あなたの責任として認められないことが多いので、注意が必要です。**

18歳、19歳からの相談が多いトラブル

国民生活センターによると、2022年度に寄せられた契約当事者が18歳、19歳の相談の件数は9907件。中でも最も多い相談が、「脱毛エステ」（1位）に関するトラブルで、約12%を占めたそうです。2位は、自分宛てに身に覚えのない商品が届いたり架空請求されたりする「商品一般」、次いで3位は「出会い系サイト・アプリ」に関するトラブル、そして簡単に儲かると謳う〝転売ビジネス〟や〝アフィリエイト内職〟の契約トラブルに関する相談が含まれる「他の内職・副業」が4位に続きます。

ポイント

解説 一括での支払いは逆にキケン

若者を狙った悪質な業者もいるので注意しましょう。特に、エステティックサービスなどでの高額な金額の一括払いは要注意です。1回当たりの値段は安くても、途中で通うのが嫌になったり、自分には合わないと感じることもありますので、**解約がしやすいかどうか、解約した場合に未利用分が返済されるかどうかなどは必ず確認してください。**

また、契約して大金を支払ったとたんに、その会社が倒産したり他の会社に事業譲渡がされる場合もあります。その場合、支払ったお金は戻らず、サービスも受けられないというトラブルも生じています。したがって、多少割高であっても、その都度払いの契約のほうが無難でしょう。

裁判員裁判ってどういうもの？

裁判員制度は、一般国民が「裁判員」として裁判に参加し、裁判官と一緒に、「被告人は有罪か無罪か」「有罪の場合にどのくらいの刑を科すか」を決める制度です。

殺人、強盗致死傷、不同意性交等致死傷、不同意わいせつ致死傷、現住建造物等放火、保護責任者遺棄致死などの重大犯罪事件が対象です。

誰が選ばれるの？

18歳以上の衆議院選挙の選挙権を持つ人の中から、くじで裁判員候補者名簿が作られ、前年の11月頃に、候補者に選ばれたという通知が来ます。この通知が来ないかぎり、裁判員として呼ばれることはありません。その後、候補者は裁判所に呼ばれ、その中から段階を経て選任されます。一つの事件で6名が選任されます。

裁判員の役割

①公判への立ち会い

裁判官と一緒に、法廷で公判（裁判）に立ち会います。公判では、証拠書類を読んだり、検察官や弁護人、裁判官が証人や被告人に質問するのを聞いたりします。裁判員から証人や被告人への質問も可能です。

②評議・評決

裁判官や他の裁判員と一緒に、被告人が有罪か無罪か、有罪の場合にはどの程度の刑に処すかを評議して決めます（評決）。評決は、原則全員一致でしますが、どうしてもまとまらない場合は多数決になります。

③判決の宣告

裁判官が判決を宣告するのに立ち会います。

①〜③までのすべて実施して5日程度かかる場合が多いとされています。なお裁判員には、日当や必要な旅費・宿泊費などが支給されます。

辞退はできないの？

裁判員は原則辞退できません。しかし、妊娠中の人や重い病気やケガのある人などは、例外的に辞退できます。弁護士や警察官、犯罪者（禁錮以上の刑を受けた者）など、もともと裁判員になれない人もいます。

裁判員を実際に経験した人は「やってよかった」と思う人が大多数といわれています。裁判員に選任されたら、積極的に裁判へ参加してみてはいかがでしょうか。

° DAILY LIFE °

Chapter **4**

くらし
のトラブルと法律

お 買 い 物 と 消 費 者 契 約 法

お買い物は本当に欲しいものを

あなたを守る法律

消費者契約法 第1条 目的

この法律は、消費者と事業者との間の情報の質および量並びに交渉力の
格差に鑑み、事業者の一定の行為により消費者が誤認し、または困惑し
た場合等について契約の申込みまたはその承諾の意思表示を取り消すこ
とができることとするとともに、事業者の損害賠償の責任を免除する条
項その他の消費者の利益を不当に害することとなる条項の全部または一
部を無効とするほか、消費者の被害の発生または拡大を防止するため適
格消費者団体が事業者等に対し差止請求をすることができることとする
ことにより、消費者の利益の擁護を図り、もって国民生活の安定向上と
国民経済の健全な発展に寄与することを目的とする。

売買契約は、当事者の一方が財物を相手に移転することを約束し、相手がその代金を支払う約束をすることで成立します。「契約自由の原則」に基づき、どのような契約をするのかは当事者の自由に任されています。お互いがその契約内容に納得したうえで約束していたのであれば、後日なんらかの不都合が生じても、それは自己責任ということになります。

契約の締結および内容の自由 ➡ P.67

ただし、売主（事業者）と買主（個人）の間には、持っている情報量や交渉力に圧倒的な差があります。そこで、一定の場合に買主（個人）を守るために、「契約自由の原則」を修正するのが、消費者契約法です。

契約が取消になる場合（不当な勧誘により締結させられた場合）

- 不実の告知（重要事項について嘘を言われる）
  例）車のタイヤが擦り減っていて危険と嘘を言われ、新しいタイヤを買った。
- 確定的判断の提供（将来的な変動が不確実な事項について、確実と伝える）
  例）ある商品が将来確実に値上がりすると告げて販売する。
- 威迫する言動を交えて相談の連絡を妨害
  例）「夫に相談してから決めたい」と言ったのに、「奥さん一人で決めなくてどうするんですか」などと言って、家族への連絡を妨害する。
- デート商法、霊感商法　など

契約が無効になる場合（消費者の利益を不当に害する契約条項）

- 売主（事業者）は責任を負わないという条項
- 買主（個人）はどんな理由があっても契約をキャンセルできないという条項
- 平均的な損害額を超えるキャンセル料を定めた条項
- 消費者の利益を一方的に害する条項

ポ イ ン ト

店側が返品に応じなければならない法律上の義務はありません。店が返品に応じるのは、サービスで自主的にそうしているというだけ。お店に返品を強要すると「カスタマー・ハラスメント」「クレーマー」などと言われかねません。「返品に応じないとネットで悪い評価をつける」などと言うと、場合によっては強要罪や脅迫罪に該当してしまう場合もあります。

偽計業務妨害・威力業務妨害

ぜんぶ思いどおりにはいかないの

あなたを守る法律

刑法 第233条　信用毀損および業務妨害

虚偽の風説を流布し、または偽計を用いて、人の信用を毀損し、または
その業務を妨害した者は、3年以下の懲役、または50万円以下の罰金に
処する。

刑法 第234条　威力業務妨害

威力を用いて人の業務を妨害した者も、前条の例による。

「業務妨害罪」という罪名のニュースを耳にすることが増えています。刑法に定められた罪で、偽計業務妨害罪と威力業務妨害罪があります。どちらも、「業務を妨害する」ことで成立する犯罪ですが、偽計業務妨害罪は被害者が目に見えないかたち、たとえば人を騙したり、知らないことを利用したりして業務を妨害する犯罪です。威力業務妨害罪は、「人の意思を制圧するに足りる勢力」を示して業務を妨害する犯罪です。

福岡県警は、警察署に長時間居座って無理な要求を続けたり、警察職員に威圧的な言動を繰り返す場合など、相手が警察であっても業務妨害罪が成立するケースを例示しています。

事例
レストランに行ったら「満席」と言われて頭にきた。後日、嘘の名前と住所を告げて、20名分のデリバリーを注文して憂さ晴らしした。

ANSWER
お店を騙して損害を与える行為です。偽計業務妨害罪が成立します。

事例
テストの勉強が間に合わなかったので、「明日、学校を爆破する」という予告をSNSに書き込みました。誰も信じないと思いますが、誰かが真に受けてテストが中止になってくれたらいいと思います。

ANSWER
「学校を爆破する」というのは、「人の意思を制圧するに足りる勢力」ですので、威力業務妨害罪が成立します。イベント会場などに同様の電話をかけて中止に追い込んだような場合、損害賠償の額が膨大になることが予想されます。

手続き
なんらかの方法で業務が妨害された場合、すぐに警察に相談しましょう。「業務」というのは、「職業その他社会生活上の地位に基づいて継続して行う業務」のことで、会社やお店の営業活動だけでなく、労働組合の組合活動やNPO法人の活動なども含まれます。

人やお店の物を盗む

盗まれたのは"それ"だけじゃないの

─── あなたを守る法律 ───

[刑法] **第235条　窃盗**

他人の財物を窃取した者は、窃盗の罪とし、10年以下の懲役、または50万円以下の罰金に処する。

[盗犯等の防止および処分に関する法律] **第3条**

常習として前条に掲げたる刑法各条の罪、またはその未遂罪を犯したる者にしてその行為前10年内にこれらの罪、またはこれらの罪と他の罪との併合罪につき3回以上6カ月の懲役以上の刑の執行を受け、またはその執行の免除を得たるものに対し、刑を科すべきときは前条の例による。

　窃盗と強盗の違い

窃盗と強盗は、どちらも他人の財物を奪う点で共通していますが、**強盗は暴行または脅迫を用いて財物を奪う**のに対し、**窃盗は暴行や脅迫を用いない**という点が異なります。そのため、**窃盗と強盗では罪の重さもかなり違います**。しかも、強盗は人を死傷させてしまうこともあり、強盗致傷罪は無期または6年以上の有期懲役、強盗致死罪は無期または死刑という凶悪犯罪です。

いわゆる「ひったくり」は、窃盗のつもりでも強盗になる場合が少なくありません。歩いている人のバッグをひったくろうとして、被害者がバッグを離さずに転んでしまい、ケガをした場合などは、強盗致傷罪になる可能性が高いのです。

万引きで奪われるのは商品だけじゃない

「万引き」は刑法の窃盗罪です。軽く考えてはいけません。

たとえば、書店は万引き被害にあいやすい業態です。本の仕入れ値は一般的に定価の8割といわれていますから、1000円の本が1冊盗まれた場合、それを取り戻すには5冊売ってようやく損害の穴埋めができることになります。

それ以外にも、万引き対策として防犯カメラの設置、店員の増員などコストがかさみます。警察に届け出れば事情聴取に応じるなどの時間も取られます。

CASE

携帯の充電がすぐになくなってしまう。たまたま入ったビルの自販機のところにコンセントがあったので、充電させてもらった。

「電気窃盗」として罪になる可能性があります。窃盗罪の「財物」は、「有体物（個体、気体、液体）」にかぎられるのですが、電気は有体物ではないものの、刑法上は「財物とみなす」と規定されています（刑法第245条）。カフェのようにたくさんコンセントがあり、無料で充電してもかまわないことが前提になっているような店などを除き、そのコンセントを管理する人の許可なく充電すると、この「電気窃盗」にあたりますので、注意が必要です。

ANSWER

車や自転車での事故

この道はどこへ続いてる？

あなたを守る法律

自動車の運転により人を死傷させる行為等の処罰に関する法律

第5条　過失運転致死傷

自動車の運転上必要な注意を怠り、よって人を死傷させた者は、7年以
下の懲役もしくは禁錮または100万円以下の罰金に処する。ただし、そ
の傷害が軽いときは、情状により、その刑を免除することができる。

車両などによって、人がけがをしたり死亡したりする事故を「人身事故」といいます。車両どうし、自転車どうし、車両と人など、さまざまなケースがありますが、死傷という結果の重大性と比べ、加害者が負う責任が軽いという側面があることから、刑事責任についてさまざまな法改正が行われています。

人を死傷させる事故には、加害者に「故意」のある場合と「過失」のある場合があります。故意のある場合は、「危険運転致死傷罪」、過失の場合は「過失運転致死傷罪」が適用されます。

また、近年、自転車の事故も問題となっています。自転車は道路交通法の「軽車両」ですが、危険運転致死傷罪、過失運転致死傷罪は適用されません。ただし、刑法の過失致死傷罪、業務上過失致死傷罪、重過失罪などに問われ、重い刑になることもありますので注意が必要です。

「故意」と「過失」とは？ ➡ P.19

	過失運転致死傷罪	危険運転致傷罪	危険運転致死罪
運転者の認識	過失	故意	
構成要件	自動車の運転上必要な注意を怠る運転	・アルコールや薬物の影響で正常な運転が困難な状態の運転 ・進行を制御することが困難な高速度の運転 ・進行を制御する運転技術を有しない運転 ・妨害目的でのあおり運転 ・殊更の赤信号無視 ・通行禁止道路の進行	
結果	負傷・死亡	負傷	死亡
法定刑	1カ月以上7年以下の懲役等、または100万円以下の罰金	1カ月以上15年以下の懲役	1年以上20年以下の懲役

16歳以上が対象に導入される「青切符」とは

自転車で人を死傷させた場合、被害者に対する賠償責任は自動車事故と同じです。また、危険な自転車走行による重大な事故が増えていることから、信号無視や車道逆走、ながら運転など100種類以上の違反に対し、16歳以上を対象に、反則金納付で刑事罰を免れる「交通反則通告制度（青切符）」が導入される予定です。

ポイント

スマホを見ながら車を運転して事故を起こしたら、危険運転の罪に問われる？

現行法では、「ながら運転」をして人身事故を起こしたら、必ず危険運転の罪に問われるわけではありません。

ただし、ながら運転による重大事故が社会問題化しているため、2019年に道路交通法が改正され、厳罰化されました。人を死傷させた場合は、過失運転致死傷罪が適用され、かなり重い罪となります。

ながら運転は刑が重くなる傾向にあり、被害者が亡くなった場合、執行猶予がつくことはないと考えたほうがよいでしょう。

ANSWER

娘は学校まで自転車で通学しています。かなりのスピードを出しているようで、娘がケガをしたり、誰かをケガさせてしまったりするのではないかと心配です。それに、髪型を気にしてヘルメットをしないのですが、それでいいのでしょうか。

自転車は、法定速度が決まっていません。ただし、自転車は「軽車両」ですから、最高速度を示す道路標識がある場合は、それに従わなければなりません。また、ヘルメット着用は現在「努力義務」ですが、自転車事故でヘルメットを着用しない場合の致死率は着用時の2～3倍になるともいわれ、必ず着用することをおすすめします。

ANSWER

ルールを守らない大人の背中を見る子どもたちに対して

ながら運転や、飲酒・居眠りなどによる運転で、毎年多くの方が命を奪われたり、大ケガをしたりしています。歩行者が交通ルールを守っていても、そのようなドライバーがいるかぎり、被害を避けることは困難です。私は、子どもたちには「青信号でもすぐに渡ってはいけない」「大人がみんな正しいわけではない。お酒を飲んだり、携帯でゲームをしながら運転している人もいる。だから、運転手が歩行者に気づいているかどうか、運転手の目をよく見て」と教えています。残念なことですが、命を守るためにはやむを得ないと思います。

イヤホンで音楽を聞きながら自転車通勤しています。スピードを出しすぎたり、信号無視するような危険な運転はしないので、大丈夫ですよね？

イヤホンで音楽やラジオを聞きながら自転車に乗ることを直接禁止する法律はありません。しかし、2026年を目途に、イヤホンで周囲の音が聞えない程度の音量で自転車に乗ることを禁止し、違反した場合は5000円の反則金の対象となる道路交通法の改正作業が進んでいます。

解説 電動キックボードに乗るときは……

2023年7月1日、特定小型原動機付自転車（いわゆる電動キックボード等）に関する道路交通法の規定が施行されました。
車両の間をすり抜けたり、歩道を高速で走ったりして、事故も後を絶ちません。電動キックボードは、運転免許が不要で、手軽で便利なものではありますが、利用方法によっては運転者も周囲の人も生命・身体の危険に晒されますので、さまざまな規制があります。

- 自賠責保険への加入の義務
- ナンバープレート取り付けの義務
- 運転は16歳以上の者のみ
- 飲酒運転や2人乗りは禁止
- ヘルメット着用の努力義務
- 車道を通行しなければならず、左側に寄って走行すること

その他、細かい規定があるので、警察庁のウェブサイトで確認しましょう。

交通事故！ のそのときは？
車や自転車で交通事故にあった場合、または事故を起こしてしまった場合は、110番通報しましょう。ケガをしている場合は、先に119番通報してください。

高齢者の免許返納

私は「池袋暴走事故」と呼ばれる、高齢ドライバーが起こした暴走事故によって妻と娘の命を奪われた交通事故遺族です。このような過酷な経験を通じて、高齢者の運転に対する問題に深い関心を抱いています。

高齢化社会の中で、「親族に高齢ドライバーがいて、いつか大事故を起こさないか心配で仕方がない」という悩みを持つ方は日本中にいるのではないかと感じています。特に地方では、車がなくては生活も立ち行かなくなる現実もあり、非常に難しい社会問題といえるでしょう。

実際、私のX（旧Twitter）やブログには、「父が免許返納をしてくれなくて困っている」「説得しようとしたら大喧嘩になってしまった」といったコメントが数多く寄せられています。そして自分自身も10年以上前、目が悪くなってきた祖父の免許返納に何年も苦労しました。

本人の納得が大事

高齢者の運転問題において大切なことは、「高齢ドライバー本人が納得すること」「本人の意思を尊重しながら話し合いをすること」だと思います。「もう危ないから、運転をやめて！」と頭ごなしに言ってしまうと、高齢ドライバーのプライドが傷つき、余計に意固地になってしまう可能性があります。最悪の場合、家族関係の悪化につながってしまうかもしれません。そのため、強制的な方法ではなく、高齢ドライバー本人の意思を尊重しつつ、家族で協力して話し合いをすることが望ましいと思います。

なぜ運転したいのか 理由に合わせた説得を

その話し合いの中で重要なのは、「なぜ運転したいのか」という理由を探ることです。高齢者が運転免許を手放したくない理由は、一人ひとり異なります。「スーパーや病院に行けなくなってしまうから」「免許返納がアイデンティティの喪失に感じるから」「タクシーや電車などの交通費がかかるから」といった多種多様な理由が考えられます。そのため、話し合いの中でそれらの「理由」を引き出すことが大切です。

そして、引き出した「理由」に合わせた、「説得のための材料」を用意することが必要です。

運転経歴証明書のさまざまな特典

「運転経歴証明書」というものをご存じでしょうか。

運転免許を受けていたことを証明するもので、運転免許を自主返納して5年以内の方、または免許証の更新を受けずに運転免許の効力を失ってから5年以内の方が申請できるものです。運転免許証のような更新の必要がなく、運転免許証に代わる公的な本人確認書類として、利用することができます。

「運転経歴証明書」を交付してもらうことで、協賛している自治体や企業でさまざまな特典を受けることができます。

たとえば、公共交通機関やタクシー料金の割引・利用券の交付、スーパーやデパートでの買い物時に配送料割引の特典、シルバーカーの購入補助。さらには銀行の預金金利が高くなったり、飲食代の割引などの特典を受けることができる地域もあります。

ほかにも地域によってさまざまな特典がありますので、ぜひインターネットで、お住まいの地域の特典を調べてみましょう。

運転経歴証明書の特典以外にも、民間企業と協力し、移動販売に力を入れている自治体もあります。これらの情報を集めて、納得感を持ってもらえるような説得材料を用意するとよいと思います。

事故を起こしてしまう前に

高齢者の多くは、人生を一生懸命生きてこられた方々だと思います。しかし、一度大事故を起こしてしまうと、ドライバー本人は罪を背負うことになり、ご家族にとっても辛い経験となるでしょう。

過去は変えられませんが、未来は変えられます。ご家族での話し合いが、愛する家族、そして未来の被害者の尊い命や日常を守ることにつながるかもしれません。ぜひ、ご家族で話し合いをしてみてほしいです。

高齢者の運転問題は決して単純な問題ではありませんが、皆様が大切な人とのコミュニケーションを大切にしつつ、事故を未然に防ぎ、命や健康が守られる社会になることを願っています。

盗 撮 さ れ た

勝手に見て
いいものじゃ
ないよ

あなたを守る法律

性的な姿態を撮影する行為等の処罰および押収物に記録された
性的な姿態の影像に係る電磁的記録の消去等に関する法律　第1条

この法律は、性的な姿態を撮影する行為、これにより生成された記録を
提供する行為等を処罰するとともに、性的な姿態を撮影する行為により
生じた物を複写した物等の没収を可能とし、あわせて、押収物に記録さ
れた性的な姿態の影像に係る電磁的記録の消去等の措置をすることによ
って、性的な姿態を撮影する行為等による被害の発生および拡大を防止
することを目的とする。

・・・

2023年7月、新しくできた盗撮の罪を処罰する法律が施行されました。これまで盗撮は、各都道府県条例や軽犯罪法などで処罰されていましたが、条例は刑が軽いことや、地域によって罪になったりならなかったりするなどの不都合が生じていました。また、軽犯罪法だと、拘留または科料というとても軽い処罰なので、まったく抑止力になっていませんでした。しかしスマホの普及により、盗撮事案は急激に増え、インターネットでそれらが流出するなどの深刻な被害が生じていました。

さらに、いわゆる盗撮だけではなく、レイプなどの性犯罪の場面が撮影されているのに、その画像を容易に没収できないなどの問題も生じていました。

そこで、意に反した性的姿態の撮影を重く罰し、その画像や動画の没収を容易にすることなどを新たに定めた法律ができ、すでに新法に基づいて多くの事例が立件されています。

盗撮に気づいたら……

盗撮されていることに気づいたら、盗撮犯と思われる人を撮影する、特徴をメモする、盗撮に気づいたときの時間や場所、状況などをメモしてください。画像がなくても警察に相談に行きましょう。自分と思われる盗撮画像をネット上で見つけた場合、URLがわかる状態でスクショするなどして証拠保存し、警察に相談してください。被害者の顔が映っていなくても盗撮の罪は成立します。加害者が画像を削除しても復元できる場合がありますので、諦めないことが重要です。

手続き

罰金と科料の違い

罰金も科料も、お金を支払わせる刑事罰です。罰金と科料の違いは、金額の大きさです。罰金は1万円以上（刑法第15条）、科料は1000円以上1万円未満です（刑法第17条）。科料は、比較的軽い罪の罰則ということになります。

ただ、たとえ1万円未満でも、納付しなければ、罰金と同じペナルティが科されます。財産を差し押さえられたり、刑務所に入って一定の作業をしたりしなければなりません。

ポイント

性的な姿態を撮影する行為等の処罰および押収物に記録された
性的な姿態の影像に係る電磁的記録の消去等に関する法律

性的姿態等撮影罪など（新設） 2023年7月13日から施行
以下のいずれかの行為をした場合、性的姿態等撮影罪などが成立

1 性的姿態等撮影罪 【➡ 3年以下の拘禁刑、または300万円以下の罰金】
　①正当な理由がないのに、ひそかに、「性的姿態等」（性的な部位、身に着けて
　　いる下着、わいせつな行為・性交等がされている間における人の姿）を撮影
　②不同意性交等罪に規定する①〜⑧により、同意しない意思を形成、表明、ま
　　たはまっとうすることが困難な状態にさせ、または相手がそのような状態に
　　あることに乗じて、「性的姿態等」を撮影
　③性的な行為ではないと誤信させたり、特定の者以外はその画像を見ないと誤
　　信させて、または相手がそのような誤信をしていることに乗じて、「性的姿態
　　等」を撮影
　④正当な理由がないのに、16歳未満の子どもの「性的姿態等」を撮影（※）
　　※相手が13歳以上16歳未満の子どもであるときは、行為者が5歳以上年長である場合

2 性的影像記録提供等罪
　①**1**または**5**によって撮影・記録された性的姿態等の画像（「性的影像記録」）
　　を特定・少数の者に提供 【➡ 3年以下の拘禁刑、または300万円以下の罰金】
　②「性的影像記録」を不特定・多数の者に提供、または公然と陳列
　　【➡ 5年以下の拘禁刑、または500万円以下の罰金】

3 性的影像記録保管罪 【➡ 2年以下の拘禁刑、または200万円以下の罰金】
　提供または公然陳列の目的で、「性的影像記録」を保管

4 性的姿態等影像送信罪 【➡ 5年以下の拘禁刑、または500万円以下の罰金】
　不特定・多数の者に、**1**の①〜④と同様の方法で、「性的姿態等」の影像を送信
　（ライブストリーミング）

5 性的姿態等影像記録罪 【➡ 3年以下の拘禁刑、または300万円以下の罰金】
　1の①〜④と同様の方法で影像送信された「性的姿態等」の影像を、そのよう
　なものであると知りながら、記録

　※拘禁刑が始まるのは2025年6月1日以降に生じた事件から。それまでは「懲役」。

［法務省「性犯罪関係の法改正等　Q＆A」令和5年7月を基に作成］

条文について、詳しく見てみましょう。

撮影することのみならず、保管や送信なども規制の対象です。

提供等罪……性的影像記録を事実上、相手が利用できる状態に置くこと

例）性的影像記録をメールに添付して、相手のメールアドレス宛てに送信し、メールサーバーに記録させる行為、性的影像記録を保存したUSBを相手方自宅のポストに投函する行為

保管罪……性的影像記録を自分の実力支配内に置くこと

例）性的影像記録を記録したSDカード等や、性的影像記録が印刷された紙を所持する、性的影像画像を、自分のパソコン自体や、管理するクラウドに保存する行為など

影像送信罪……電気通信回線を通じて影像を送る行為

例）ライブストリーミングで性的姿態等の影像を配信する行為

影像記録罪……影像送信罪第1項各号の記録を新たに記録媒体上に存在させる行為

例）ネット上のライブ配信サイトで配信された、そのことを知らない人の性的姿態などの影像をキャプチャーして記録し、動画ファイルをパソコン上に存在させる行為

盗撮の罪は、「国外犯」（刑法第3条）が適用されます。国外犯というのは、日本国外で犯罪を犯した場合でも、日本の法律が適用されて処罰されるということです。つまり、日本国民が、国外でも盗撮の罪を犯すことを想定して規定された法律なのです。盗撮が、どこでも気軽に犯せる犯罪類型であることからすると、場所を問わず処罰されることは、実態に即したものといえます。

盗撮機器は、巧妙なつくりになっているものも多く、ひと目でカメラと気づきにくいものばかりです。また、日に日に進化しています。通販サイトですぐ購入することもできてしまいます。なるべく情報を集めておくようにしましょう。

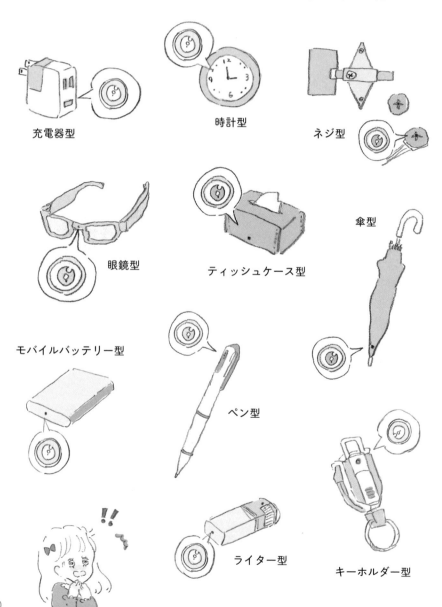

充電器型

時計型

ネジ型

眼鏡型

ティッシュケース型

傘型

モバイルバッテリー型

ペン型

ライター型

キーホルダー型

> 警察から連絡があり、盗撮犯人を逮捕したら、私の盗撮画像が出てきたそうです。まったく気づいていなかったのでショックです。裁判になって、そういう画像がいろんな人に見られたりすることは耐えられないし、いつネットに流れてしまうのか不安で夜も眠れません。刑事裁判はせずに、画像だけ消してもらうことはできますか？

事
例

ANSWER

> できます。検察官が保管している性的画像の押収物については、状況に応じて消去・廃棄することが可能になりました。2024年6月までに施行予定です。

解説　検察が削除できるように

盗撮画像がネット上などで拡散することを防ぐため、盗撮画像のコピーの没収や、押収された盗撮画像等のデータの消去も規定されました。

盗撮画像の原本は、刑法第19条第1項で没収できますが、コピーを没収できる法律はありませんでした。つまり、スマホで盗撮した画像のデータをハードディスクにコピーした物については没収できなかったのです。データのコピーが簡単な現代において、このままでは盗撮等の犯罪で生じた画像の拡散を防ぐことができないことから、コピーについても没収できるように条文が新設されました。「複写物をさらに複写した物（二次複写物）」も含まれます。

また、検察官が保管している盗撮画像等の押収物であれば、刑事裁判で有罪になったものでなくても、行政手続きとして当該画像の消去や廃棄ができるようになります。

盗撮は、被害者が被害に気づかないことが多いため、加害者は簡単に罪を重ねることができます。検挙されたときには膨大な数の盗撮画像を所持していることも少なくありません。また、刑事事件としては時効になっていたり、被害者が誰なのか画像等からは特定できないケースも多く、その場合の画像の処理が問題になっていました。

盗撮の被害者は、加害者の処罰よりも「画像さえ消してくれれば」と望むことも多いと思われることや、盗撮等の犯罪行為により生じた性的画像を残すべきではないことから、行政手続きとして消去や廃棄ができることになりました。

街中でしっこく絡まれた

興味ないからこっちにこないで

あなたを守る法律

(軽犯罪法) 第1条(一部抜粋)

（略）該当する者は、これを拘留、または科料に処する。

⑤公共の会堂、劇場、飲食店、ダンスホールその他公共の娯楽場において、入場者に対して、または汽車、電車、乗合自動車、船舶、飛行機その他公共の乗り物の中で乗客に対して著しく粗野、または乱暴な言動で迷惑をかけた者

㉘他人の進路に立ちふさがって、もしくはその身辺に群がって立ち退こうとせず、または不安、もしくは迷惑を覚えさせるような仕方で他人につきまとった者

ナンパされてつきまとわれ、無視すると「ブス！」「ババア！」などと暴言を吐かれたり、暴力を振るわれたりした。

友人とカラオケを楽しんでいたら知らない男性たちが入ってきて、「ここを出てどこか飲みに行こう」としつこく誘ってきて出ていってくれない。

不快で迷惑を感じるつきまといは軽犯罪法違反の疑いが強いです。暴言を受ければ侮辱罪、暴力を受ければ暴行罪、傷害罪などになる場合があります。「カラオケ」の邪魔は軽犯罪法第1条第1項第5号にあたる可能性があります。カラオケボックスの中なら、店員を呼びましょう。もちろん、いきなり110番してもかまいません。怖いと思ったらその場で110番しましょう。

110番での伝え方

しつこいナンパで困ったら、ためらうことなく110番へ通報しましょう。大きな被害を受けていると感じなくても不安を感じたら110番をしてよいです。
110番につながったら「事件ですか？　事故ですか？」と聞かれますので、「事件です。いま○○にいるのですが、知らない男性につきまとわれて不安です」などと伝えましょう。たいていの場合、通報しただけで相手は逃げ出します。相手が逃げていったら、そのことを110番か、駆けつけた警察官に伝えれば問題ありません。

人気のインフルエンサーの生活圏を突き止め、待ち伏せしたり、人気の店員さんの店に行き、買うつもりもないのに長時間店に滞在したり、帰宅を待ち伏せしたりする。

いずれも頻度によっては、ストーカー規制法違反の「つきまとい等」にあたります。また、買うつもりもないのに長時間店に滞在すると、刑法の建造物侵入罪に、お店の人から「出て行ってください」と注意されたのに居座り続けると、刑法の不退去罪や業務妨害罪などに該当する可能性があります。困った場合は速やかに警察に相談や110番をしてください。

つきまとうストーカー ➡ P.20

わいせつ物を見せられた

見ていたいのはキレイな景色だけ

あなたを守る法律

（刑法）**第174条　公然わいせつ**

公然とわいせつな行為をした者は、6カ月以下の懲役、もしくは30万円
以下の罰金、または拘留もしくは科料に処する。

公然わいせつ罪は、「人前で全裸になった」「陰部を露出した」などというように、「公然と」「わいせつな行為」を行った場合に成立する犯罪です。「公然と」とは、「不特定、または多数の人が認識することができる状態」をいいます。

事例

歩いていたら横に車が停車し、道を尋ねられた。車に近寄ると、運転席の男性が性器を露出させていた。

ANSWER

刑法第174条の「公然わいせつ」などにあたる行為です。すでに警察には、同じ地域で同じような被害の届出がされている場合もありますし、これから同種の被害の届出が相次ぐ場合も考えられます。警察に被害の相談をしましょう。

事例

公園で性行為をしている人がいた！　見てしまったこっちが恥ずかしくて迷惑！

ANSWER

公園は誰でも自由に立ち入ることのできる場所。そこでの行為には公然性が認められやすいといえます。また、性行為が「わいせつな行為」にあたることは明らかです。
あとは、「故意（わざと）」があったかどうかが問題となります。つまり、当人たちに「不特定または多数の人に見られる可能性がある」という認識があったかどうかですが、公園という場所柄、故意があると認められることになるでしょう。

関連条文

（軽犯罪法）第1条（一部抜粋）
（略）該当する者は、これを拘留、または科料に処する。
⑳公衆の目に触れるような場所で公衆にけん悪の情を催させるような仕方でしり、ももその他身体の一部をみだりに露出した者

公共の場、乗り物での痴漢

わたしの
からだは
立入禁止

あなたを守る法律

公衆に著しく迷惑をかける暴力的不良行為等の防止に関する条例（東京都）

第5条　粗暴行為（ぐれん隊行為等）の禁止

1　何人も、正当な理由なく、人を著しく羞恥させ、または人に不安を
覚えさせるような行為であって、次に掲げるものをしてはならない。
　①公共の場所、または公共の乗り物において、衣服その他の身に着け
　る物の上から、または直接に人の身体に触れること。

「痴漢罪」という犯罪はありません。しかし各都道府県の条例で、禁止されています。東京都の条例の場合、公共の場所や公共の乗り物で、衣服などの上から、または直接人の身体に触れることが犯罪行為とされています。

罰則内容も各都道府県で異なりますが、東京都の場合、6カ月以下の懲役または50万円以下の罰金が科せられます。

痴漢がエスカレートして、「下着の中に手を入れて性器をさわる」などの場合は、刑法の不同意わいせつ罪となる可能性が高いです。

望んでいないのに体をさわられた → P.32

もし痴漢にあったら……

手続き

満員の公共交通機関の場合

満員の公共交通機関では、誰がさわっているのかわかりにくいこともあります。また「この人痴漢です」と言っても、「違う」と言われた場合、立件は難しくなります。できればさわってくる手を引っかくなどして、犯人の手に証拠を残すようにしましょう。被害者の爪に加害者の皮膚片があれば、DNA鑑定ができる可能性があります。自分のかゆい部分をかく程度の強さでも、爪の間に皮膚片は入るので、強く引っかく必要はありません。なお、安全ピンで刺すなどは、過剰防衛となる可能性があり、痴漢ではない人を傷つける危険もあるため、おすすめできません。

また衣服には犯人のDNAが残存している可能性があります。犯人がさわった部位をさわらないことが重要です。ただし満員の公共交通機関での痴漢では、いつどのようにDNAがついたのか判然としないので、証拠の価値は必ずしも高くありません。

携帯電話を操作していた場合

できれば加害者の顔や手を撮影しましょう。発生場所や日時の特定に役立ちます。逃げられても、後から捜査が可能になります。

深夜の帰宅途中などの場合

すぐに110番をしましょう。コンビニなどに入り、お店の人に110番を頼んでもかまいません。

犯人を捕まえた場合、被害者は、警察から事情聴取を受け、供述調書を作成します。また、「どのように被害にあったか」という再現を、被害者に見立てた人形を使って行います。ただし、立件されるかどうかは場合によります。示談が成立して不起訴になる場合もあれば、略式起訴で罰金、正式裁判になる場合もあります。

事例
CASE

痴漢の犯人を捕まえようとしてくれた人がいたが、犯人が逃げてしまった……。

気づいた人が証言してくれる場合があるので、その人の名前や連絡先を聞いておきましょう。その人が110番通報してくれれば、記録に残るので、警察がその人に協力を求めやすくなります。また、逃走されても防犯カメラに映っている可能性があるので、諦めずに通報しましょう。

ANSWER

事例
CASE

「そんな恰好をしているからだ」と言われた。私の恰好が悪いの？

どんな恰好をしていたとしても、他者の身体に勝手にさわることは許されません。あなたは悪くありません。

ANSWER

事例
CASE

痴漢にあった同じ電車に乗ったら犯人がいたが、現行犯でないと逮捕はできない？　顔をはっきり覚えており、相手に間違いはない。

以前痴漢にあったときにどんな証拠があるか、ということです。そのときの証拠がなければ、逮捕はできません。
よく乗り合わせる人が犯人の場合は、警察に相談しましょう。女性の私服警官が一緒に電車に乗ってくれ、再度痴漢してきたときに現行犯で逮捕できる場合があります。

ANSWER

ポイント **痴漢は冤罪が多い？**

痴漢は満員電車の中で行われることがほとんど。痴漢は冤罪が多いかのようにいわれていますが、冤罪はすべての犯罪で問題になりうることです。痴漢は母数がとてつもなく多いため、届出自体がなされなかったり、届け出ても誰が犯人かわからなくて立件できないというのが現状で、冤罪が多いわけではありません。

CASE 相手が冤罪を主張しているときはどうすればいい？

ANSWER

相手が冤罪を主張していても、あなたが「痴漢だ」と確信したのであれば、通報するなど、次のステップに進んでよいでしょう。
「ちょっと当たっただけだ！」などと言って相手が逃げようとしている場合も、「この人が痴漢だ」という自信があるのであれば、通報しましょう。

CASE 電車通学している中学生です。制服のスカートに、おじさんから体液をかけられました。おじさんは逮捕されたのですが、「器物損壊等罪」だそうです。なぜ「痴漢」ではないのですか？

ANSWER

痴漢は衣服の上から、または直接身体に触れる犯罪ですから、このケースは痴漢にはなりません。
器物損壊等罪は、「物を壊す」だけではなく、「物の効用を害する」行為も処罰されます。 たとえば制服のスカートなら「スカートを破る」だけではなく、**「心情的にも使えなくする」ことが器物損壊等罪になります。** 体液をかけられたスカートは、クリーニングに出してきれいになっても、二度と穿きたくないでしょう。なお、**器物損壊等罪の法定刑は「3年以下の懲役、または30万円以下の罰金、もしくは科料」なので、条例の痴漢より重いです。**

CASE 相手が示談にしたいと言ってきたら、どのように対処すればいい？

ANSWER

示談には、メリットとデメリットがあります。刑事責任・民事責任の行方に大きな影響を及ぼしますし、賠償金の金額はいくらか、実際に回収できるのか、などを判断する必要があります。示談の話が出たら、弁護士に相談するのがベストです。

示談にはいろんな方法がある → P.140

示談には
いろんな方法がある

「示談」という言葉を一度は聞いたことがあるでしょう。ただ、言葉の捉え方は人によって異なります。法律上も、はっきりとした定義があるわけではありません。広い意味では、争いごとがあったとき、当事者どうしで合意をしてその争いを解決する、ということです。そして、その方法は人それぞれです。

「示談＝お金を払う」とはかぎらない

示談でお金による賠償がされる場合、その名目には「示談金」「慰謝料」「解決金」「被害弁償」など、さまざまなものがあります。「示談が成立した」というと、加害者はお金を払い、被害者はお金を受け取った、と思われがちですが、必ずしもそうではありません。損害が生じているときには、たしかにお金での補償をすることが多いですが、当事者どうしの意見が一致すれば、お金のやりとりはなく、「今後一切連絡を取らない」などの条件をつけて解決することもあります。ここで重要なのは、お互い

が「それでいい」と合意することです。

示談は、相手を許すことが条件ではない

刑事事件が起きると、たいていの加害者は被害者に「示談」を持ちかけます。この場合、損害賠償金の支払いと引き換えに「宥恕」を求めてくることが大半です。「宥恕」とは、「許す」ことを意味します。しかし、被害者が許さなくても、合意があれば示談は成立します。本当は許す気持ちがないのに、宥恕文言の入った示談が成立すると、警察などから事件として見なされなかったり、不起訴になったり、裁判になっても刑が軽くなったりします。本当にそれでいいのか、慎重に考えましょう。

示談は慎重に

刑事事件の場合、加害者の弁護人の中には、被害者に対し、「宥恕しないなら、損害賠償金は払わない」という人もいます。損害賠償してもらうには許すしかない、と思い込んでし

まう人がいるのはこのためです。しかし、許す気持ちがないのに「お金のためだから仕方ない」と宥恕文言を残すことは、取り返しのつかない後悔につながります。被害回復が遅れる原因にもなります。

宥恕しなくても、損害賠償金の支払いを求める手段はあります。それを知らずに書面を交わしてしまうと、その後の変更はほぼ不可能です。被害者が弁護士と対等に交渉することは難しいので、被害者もできるだけ弁護士に相談しましょう。

「示談」という言葉を使わなくてもいい

一般的に、「示談」には許すという意味が含まれるとみなされることが多いので、許せないのに「示談」という言葉を使うのに抵抗を感じることもあるでしょう。書面を作るときに「示談書」というタイトルを使いたくなければ、「合意書」「確認書」という言葉に置き換えることもできます。

示談に対する偏見

性被害にあって「示談した」というと、「金目当て」「美人局」と決めつけて非難する人たちがいます。そうした非難を受けたくないために、一切の示談を拒否する被害者も少なくありません。また、性被害で「お金を受け取る」のは、売春と同じこと

ではないか、と心配する人もいます。しかし、被害にあったなら、金銭賠償を受けるのは当然の権利です。加害者にきちんと謝罪させ、お金を払わせることは、加害者が犯罪を繰り返さないためにも重要です。被害者は悪くありません。堂々とお金を受け取ってよいのです。

示談は悪いことではない

示談で紛争を解決させることに、うしろめたさを感じる人もいます。自分が示談したせいで、犯人は罪を逃れ、同じことを繰り返すのではないか、裁判で闘うことから逃げたのは卑怯ではないかと悩んでしまうようです。

しかし、示談は、相手に罪を認めさせて謝罪させ、早く紛争を解決して被害者が日常生活に戻る手段のひとつです。被害回復の方法は人それぞれで、どのようにするのかは、慎重に検討すべきですが、示談を選ぶことは悪いことではありません。それが被害回復のプラスになるのであれば、積極的に活用しましょう。

借りたお部屋、どこまで修理をするべき？

気持ちよく住みたいわたしの〝お城〟

あなたを守る法律

［民法］第621条　賃借人の原状回復義務

賃借人は、賃借物を受け取った後にこれに生じた損傷がある場合において、賃貸借が終了したときは、その損傷を原状に復する義務を負う。ただし、その損傷が賃借人の責めに帰することができない事由によるものであるときは、この限りでない。

マンションなどを借りて住む場合、それは自分の所有物ではないので、いずれ所有者や貸主に返す必要があります。そのため、**借主はその物件を返す際、傷ついた部分などを元通りにする義務を負います（原状回復義務）。**しかし、どんなに気をつけて使用していても、時間の経過とともに劣化しますし、借りたときと完全に同じ状態に戻すことは不可能です。

ところが、原状回復義務を負う範囲が明確でなく、賃貸借契約が終了する際にトラブルになることがあるため、国土交通省が取りまとめた「原状回復をめぐるトラブルとガイドライン（再改定版）」が、一定の判断基準となっていました。

それが、2020年の民法改正により、「**通常の使用・収益によって生じた損耗**」「**経年劣化**」については、原状回復義務を負わないことが法律に明記されました。

通常損耗・経年劣化にあたるもの

- 家具の設置による床やカーペットの凹み
- テレビや冷蔵庫などの後部壁面の黒ずみ
- 地震で破損した窓ガラス

通常損耗・経年劣化にあたらないもの

- 引っ越し作業で生じた傷
- タバコのヤニや臭い
- ペットが柱などにつけたひっかき傷

事例

CASE　10年住んだマンションを退去。その際、高額なリフォーム費用を請求された。

原状回復義務には、自然に傷んだ部分を直す費用や、リフォームして前より良くする費用を負担することまでは含みません。
特に自然に傷んだ部分については、毎月支払う家賃にその分が含まれているという考え方になるため、退去時にその分の補修費用を負担する必要はありません。

ANSWER

なくなるのは
一瞬

あなたを守る法律

(破産法) 第1条　目的

この法律は、支払不能、または債務超過にある債務者の財産等の清算に関する手続を定めること等により、債権者その他の利害関係人の利害および債務者と債権者との間の権利関係を適切に調整し、もって債務者の財産等の適正かつ公平な清算を図るとともに、債務者について経済生活の再生の機会の確保を図ることを目的とする。

奨学金で大学の学費を支払ったので、卒業時に300万円の返済義務を負っていました。就職し、奨学金の返済もしながら、休暇は海外旅行に行くように。また婚活のためにエステに通い始め、高額な化粧品やサプリを多数購入しました。足りない分は借金で賄っていましたが、いつの間にか借金が500万円以上になりました。誰にも相談できず、途方に暮れています。

自己破産を検討しましょう。破産するためには、裁判所に破産の申し立てをすることが必要で、**①支払い不能状態にあること、②裁判所に予納金を納めること、③不当な目的がないこと、という条件をクリアしなければなりません。**また、免責不許可事由がある場合は、破産手続きが始まっても免責されない可能性があるので、事前によく弁護士に相談することが重要です。

免責とは

借金の返済義務を免れることを「免責」といいます。ただし、浪費やギャンブル、特定の人にだけ債務を返済するなどの「免責不許可事由」があれば、免責されない可能性があります。

免責不許可事由があっても、真摯に反省してやり直す決意をし、積極的に破産手続きに協力するなどすれば、免責されるケースは多いです（裁量免責）。自己判断せずに、弁護士に相談してみましょう。

お金の貸し借りは関係を壊す

破産の相談に来る方の中には、「人に頼まれてお金を貸したのに、返してくれない」というケースもあります。多くの場合、「約束が違う」ということで、人間関係が壊れてしまいます。

お金の貸し借りは、人間関係の断絶につながりかねません。相手が大事な人であればあるほど、やめたほうがいいでしょう。もし、**大事な人が本当に困っていてあなたが力になりたいと思うなら、「貸す」のではなく、「あげる」気持ちでお金を渡してください。**そこまでの気持ちになれないのであれば、きっぱり断る覚悟を持ちましょう。

「高額」「即金」闇バイト

甘いだけのおとぎ話はないの

あなたを守る法律

（民法）第96条　詐欺または脅迫

1　詐欺または強迫による意思表示は、取り消すことができる。

2　相手方に対する意思表示について第三者が詐欺を行った場合においては、相手方がその事実を知り、または知ることができたときに限り、その意思表示を取り消すことができる。

3　前2項の規定による詐欺による意思表示の取り消しは、善意でかつ過失がない第三者に対抗することができない。

一人暮らしの大学生です。SNSで「荷物を受け取って〇〇まで持っていくだけで10万円！ その場で支払います」というアルバイトの募集を見つけました。今月は試験でアルバイトができなかったので、来月分の家賃が払えません。10万円あれば切り抜けられるのですが、荷物を運ぶだけなら安全ですよね？

やめてください。荷物を運ぶだけで10万円、その場でもらえるような都合のいい合法のアルバイトは世の中に存在しないと考えるのが無難です。それで10万円もらえるということは、それだけ払ってもより大きな利益を手に入れる人がいるということです。一時の欲で人生を棒に振ることになりかねません。関わらないようにしましょう。

解説 犯罪行為をさせられ、使い捨てされる

「闇バイト」とは、高額な報酬と引き換えに、犯罪行為に加担させる行為です。SNSで募集されることが多いです。応募するのは若者が多く、まさに「アルバイト感覚」ですが、強盗や詐欺などの重大犯罪の実行行為に加担させられ、被害者が死亡したり大ケガをすることも多く、逮捕されれば相当長期にわたって刑務所に行くことになります。しかも、首謀者は巧みに姿を隠しているため、不法な利益を得て、逮捕されることもなく犯罪行為を繰り返しているのです。

警視庁は、アルバイトを探すときは「高額」「即日現金」「高額即金」「副業」「ハンドキャリー」「書類を受け取るだけ」「行動確認・現地調査」などの言葉に注意するよう呼びかけています。申し込み時に匿名性の高いメッセージアプリのインストールを求められる場合は、闇バイトの可能性があります。

一度手を出すと逃げられない

闇バイトに応募すると、身分証等の提示を求められ、個人情報を把握されます。そのため、怪しいと思っても、個人情報をばらすなどと脅され、やめられずに犯行に加担し、刑務所行きになることも少なくありません。少しでもおかしいと感じたら、躊躇わずに警察に相談してください。

異なる価値観の人に相談を

「闇バイト」は、犯罪実行者の募集です。仕事の内容を明らかにせずに高額な支払いを誘い文句にして、いつの間にか犯罪の手先とされます。闇バイトの存在を知らず、「割のよいアルバイトがある」と気軽な気持ちで応募してしまう人も少なくありません。

ある女性は、スマホを通じて副業に応募。その内容は、受け取った荷物をそのまま別の宛先に転送するというもので、1回発送するごとに3～5万円ほどもらえるというものでした。女性はアルバイトの内容を知った際、募集先に「これは犯罪ではないですよね？」と確認しましたが、相手は「犯罪ではないですよ」と回答。そこで女性は、指示されたとおり、身分証明書の画像をメールで送り、アルバイトをすることに。2回アルバイトを行い、6万円を得ていました。しかしこれは「荷受代行」という闇バイトの一つ。女性は中身を開けないよう指示されていましたが、実は中身は特殊詐欺の被害金。女性は現金受け取り役として知らぬ間に働かされていたのです。受け子の役割は特殊詐欺行為の中でも重要な役割で

す。女性は、実刑2年という判決になりました。

「犯罪ではないと言われたのだから、だまされたのはその女性で、逮捕されるのはおかしい」と思うかもしれません。しかし常識で考えて、「郵送物を1回発送するだけで数万円もらえるアルバイト」は世の中にありません。

女性は怪しんでもいたわけですし、誰かに相談すべきでした。違法だと知る術はたくさんあったのに、「あえて」それをしなかったのです。

「知らなかったから無罪」とはなりません。法律は公になっているものですから、「知らない」ことは免罪符になりません。

おかしいと思ったら、自分とは異なる価値観の人に相談することがポイントです。同じ価値観の仲間どうしだと「いいんじゃない？」となりがちですし、「それはおかしい」と言いにくいかもしれません。

「法律は知ってる人しか守ってくれない」と言いますが、法律を知ることは自分が加害者にならないうえでも重要です。

. WORK .

Chapter **5**

しごと
のトラブルと法律

残業代、労災、有給がもらえない

気持ちよく働きたい

あなたを守る法律

（労働基準法）第1条　労働条件の原則

1　労働条件は、労働者が人たるに値する生活を営むための必要を充た
　　すべきものでなければならない。
2　この法律で定める労働条件の基準は最低のものであるから、労働関
　　係の当事者は、この基準を理由として労働条件を低下させてはなら
　　ないことはもとより、その向上を図るように努めなければならない。

解説 残業は何時間までしていいの？

労働基準法では、法定労働時間は1日8時間・週40時間と定められています。会社がこの法定労働時間を超えて労働者を働かせるのは違法です（第32条）。

しかし例外的に、労働組合や労働者の代表と「協定」を結んで協定書を労働基準監督署へ提出すれば、法定労働時間を超えて一定の上限まで残業をさせたりしてもよい、とされています。

この協定は、労働基準法第36条に定められているため「36（サブロク）協定」と呼ばれています。36協定で延長できる労働時間の上限は、原則として年間360時間・月45時間までで、この時間を超えてはいけません。

もっとも、現在ではほとんどの会社が36協定を締結しており、原則と例外が逆転しています。

事例

業務が忙しくて、残業だけで年間500時間くらいになってしまう。

残業時間には、上限があります。通常、年間360時間を超える残業は違法です。

解説 「残業代のつけ方」の職場ルール

残業代のつけ方は、職場によってルールがあるかもしれません。たとえば「残業代は15分単位でつける」「制服や私服に着替えたりする時間、朝礼などは勤務時間に含まない（残業代は出ない）」「残業代の請求に上限がある」などです。これらはそれぞれの職場で勝手に決めているものに過ぎません。

事業者は「分単位」で、働いた分だけ残業代を支給しなければなりません。さらに法定労働時間を超えた部分については割増で（月60時間までは1.25倍以上、月60時間以上は1.5倍以上、休日はさらに割増）支払う必要があります。

ただし、そもそも残業がつかない勤務形態（高度プロフェッショナル制度の対象となった場合等）もあります。

事例

CASE

飲食店でアルバイトをしている。お客さんが長居してしまったとき
などは残業になるが、残業の時間が30分を超えないと、残業代が請
求できないルールになっている。

ANSWER

30分以内であっても時間外労働、すなわち残業です。アルバイトや
パートなど、雇用形態にかぎらず、使用者にはその分の賃金を支払
う義務があります。

事例

CASE

会社が「36協定で年間360時間までしか残業はできないから、それ
以上の時間、残業をしてもその分の残業代は支払わない。残業時間
はそれにおさまる範囲でつけるように」と言っている。

ANSWER

この会社は、36協定に違反したうえに、残業代の不払いという、二
重で違法行為を行っていることになります。会社は、36協定を超え
る分の残業に対しても残業代を支払う必要があります。

手続き

残業代を請求するには

この事例のようなケースで残業代を請求するには、労働審判の申し立て、訴訟の提
起、労働基準監督署から指導をしてもらうことなどが方法として考えられます。
そのためには事前に、実際の勤務時間を記録しておく必要があります。
職場にタイムカードがあり、正確な勤務開始・終了時間が打刻されていれば、写真
やコピーを取ることが考えられます。
職場にタイムカードがなければ、勤務時間をメモしておくだけでも証拠になります。
また業務で送ったメールの時間や、職場の時計の写真なども証拠になります。
実際にどのような業務をしていたかについても、上司の指示の内容をメモしたり、
送信メールをプリントアウトしたりして、証拠を準備しておくとよいでしょう。

事例

会社に自転車で通勤している。朝うっかり転倒し、打ちどころが悪くて足を骨折してしまった。治療費がかかるので、会社に労災申請を頼んだが、「転んだあなたが悪い」と言って対応をしてくれない。

通勤中のケガは労災の対象です。過失があっても労災は認定されます。労災は自分で労働基準監督署に申請します。申請書には、会社に労災が生じたことを証明する記載をしてもらう必要があります。会社には証明に応じる義務がありますが（労働者災害補償保険法施行規則第23条第2項）、会社が応じない場合は、労働基準監督署に相談をしましょう。

事例

長く勤めた会社を退職する。有給休暇がたまっていたので、退職前に全部消化しようと申請したら、上司から却下された。

退職間際であっても、退職するまでは労働者としての権利があるので、有給休暇を取得できます。
有給休暇は原則、労働者が請求する時季に取ることができます。
例外として「事業の正常な運営を妨げる場合」には、使用者が有給の時季を変更することができます。しかしそれでも、有休を取らせないことはできません。

事例

正社員として働いていました。退職したいと上司に伝えたら「人手不足なのに辞められたら迷惑だ代わりの社員が見つかるまでは認めない」と言われ、辞めさせてもらえません。

正社員など期限の定めのない雇用契約の場合、民法は、労働者が退職を申し出てから2週間で雇用関係は終了すると定めています。

会社側は、労働者の保護のため、労働者を自由に解雇することはできません。しかし、労働者側はより自由に会社を退職することができます。

正社員（期間の定めのない雇用）の場合は、退職の申し出をしてから、2週間で雇用契約が解消されます（民法第627条）。使用者の同意は不要です。

ただし、就業規則で「退職希望日の3カ月前までに申し出ること」などと、退職申し出の期間が定められている場合に、就業規則と民法のどちらを優先すべきかは、考え方が分かれています。

契約社員など、期間の定めのある雇用契約の場合、従業員から期間途中で退職を申し出ることができるのは、次の場合です。

- 雇用期間が1年以上の場合……最初の勤務開始から1年経過した日以降であれば、使用者に申し出ることでいつでも（労働基準法附則第137条）
- 最初の勤務開始から5年経過後……2週間前に予告すればいつでも（民法第626条）
- 「やむを得ない事由」がある場合……いつでも（民法第628条）
- 実際の賃金や労働時間など労働条件が、就職前の説明と異なる場合……いつでも（労働基準法第15条）

「やむを得ない事由」には、給料の未払い、残業代の未払い、労働者の心身の病気、親族の介護の必要または業務が法令に違反している、などがあります。

手続き　退職したいとき、社内に退職届の様式などルールがある場合は、それに沿って行うのがスムーズです。それでも応じてもらえない場合は、会社の代表者や人事部長などに宛てて内容証明郵便を発送して退職の意思表示をしましょう。

解説 つらさは人それぞれの生理休暇

労働基準法は、民法の雇用契約分野における特別法として制定されたものです。その労働基準法に1947年に規定された制度が生理休暇です（第68条）。この規定に違反した者は、30万円以下の罰金に処されます（第120条）。

生理休暇は、生理の症状が重いために働けない女性のために、認められるものです。**正規雇用・非正規雇用を問わず、女性労働者であれば誰でも請求できますが、生理だからというだけで休めるというものではありません。症状が重くて働けないことが条件です。**また、生理休暇が無給か有給かについて法律上の定めはなく、会社次第です。

取得するのに、特に決まった手続きは定められていません。生理の周期が不安定な人もいますので、事前に日にちを指定する必要はありません。しかし、突然休まれると仕事に支障をきたす場合もありますので、日頃から互いに仕事をフォローできるように協力しておくのがよいでしょう。

関連条文

労働基準法 第68条　生理日の就業が著しく困難な女性に対する措置

使用者は、生理日の就業が著しく困難な女性が休暇を請求したときは、その者を生理日に就業させてはならない。

民法 第626条　期間の定めのある雇用の解除

1　雇用の期間が5年を超え、またはその終期が不確定であるときは、当事者の一方は、5年を経過した後、いつでも契約の解除をすることができる。
2　前項の規定により契約の解除をしようとする者は、それが使用者であるときは3カ月前、労働者であるときは2週間前に、その予告をしなければならない。

民法 第627条　期間の定めのない雇用の解約の申入れ

1　当事者が雇用の期間を定めなかったときは、各当事者は、いつでも解約の申入れをすることができる。この場合において、雇用は、解約の申入れの日から2週間を経過することによって終了する。

民法 第628条　やむを得ない事由による雇用の解除

当事者が雇用の期間を定めた場合であっても、やむを得ない事由があるときは、各当事者は、ただちに契約の解除をすることができる。この場合において、その事由が当事者の一方の過失によって生じたものであるときは、相手方に対して損害賠償の責任を負う。

労働基準法 第15条　労働条件の明示（一部抜粋）

（略）明示された労働条件が事実と相違する場合においては、労働者は、即時に労働契約を解除することができる。

職場でのセクハラ

飲み込んだ
"ノー"の数だけ
心が枯れそう

——● あなたを守る法律 ●——

(男女雇用機会均等法) **第11条　職場における性的な言動に
起因する問題に関する雇用管理上の措置等**

1　事業主は、職場において行われる性的な言動に対するその雇用する
労働者の対応により当該労働者がその労働条件につき不利益を受け、ま
たは当該性的な言動により当該労働者の就業環境が害されることのない
よう、当該労働者からの相談に応じ、適切に対応するために必要な体制
の整備その他の雇用管理上必要な措置を講じなければならない。

「セクハラ」こと「セクシュアル・ハラスメント」の定義はさまざまですが、広く捉えると「意に反する性的言動」です。「セクハラ罪」という罪はありません。ただし内容によって、迷惑防止条例違反、不同意わいせつ罪、不同意性交等罪、名誉毀損罪、侮辱罪などにあたる可能性があります。セクハラについて直接規定しているのは、男女雇用機会均等法で、職場での性的言動から起こる問題について定められています。「性的な言動」には、一般的に次のようなものが含まれます。

- 発言型…何度も容姿を批判する、性的な経験を尋ねる、卑わいな話をする
- 身体接触型…従業員の意に反して腰、おしり、胸などにさわったり抱きついたりする
- 視覚型…職場にヌードポスターを掲示する、宴席で裸踊りを見せたりする

セクハラを広い意味で捉えると、性的な冗談からレイプまで、職場にかぎらずあらゆる場面でセクハラは生じているともいえます。

職場でのセクハラは、上司や取引先など、立場上断りにくい関係が利用されがちです。解雇、降格、減給、労働契約の更新拒否、昇進・昇格の対象からの除外など、不利益を受けるのではないかとのおそれから、拒否や抵抗がしにくいのです。刑法改正により、不同意わいせつ罪や不同意性交等罪の類型「⑧経済的、または社会的関係上の地位に基づく影響力による不利益の憂慮」に該当して立件されるケースが増えるかもしれません。

不同意わいせつ罪・不同意性交等罪の8つの類型（行為・事由） → P.33

セクハラは性別問わず起きる

この法律が対象とする「労働者」とは、性別を問わず、非正規労働者を含むすべての労働者です。

セクハラの被害は誰にでも生じます。たとえば、過去の性経験について聞かれる、風俗店へ一緒に行くことを強要される、職場で好意を持っている人の名前を言われる、上司や上司の知人との結婚を強くすすめられる、といった事例があります。

ポイント

ポイント 「あの人、上司と不倫しているらしい」などと性的な内容のうわさを流すなどの行為は名誉毀損罪に、大勢の前で「お前みたいな人間と性行為をするやつはいない」などと性的に侮辱する行為は侮辱罪に問われることも考えられます。

度を超したうわさ話、誹謗中傷 ➡ P.68

手続き

「望んでいない」意思を示そう

セクハラを嫌がる気持ちを隠して笑顔で対応していると、相手が「受け入れてもらえている」と勘違いをして、行為がエスカレートする危険もあります。このような対応は「合意していたと思っていた」と相手が主張する余地を与えてしまうため、裁判などで不利に働く要因にもなりかねません。

- セクハラ行為をしている当の本人に「それはセクハラなのでやめてください」とはっきり伝える
- 信頼できるほかの社員・上司に相談して、やめるよう伝えてもらう
- 社内に設置されている相談窓口に相談する
- 外部の相談機関に相談する

このような対応で、嫌がっているという意思表示をしましょう。
会社に相談し、調査の結果セクハラがあったと判断された場合、加害者がなんらかの処分を受ける可能性があります。相手を解雇するかは会社の判断によります。
社長のように、社内で大きな権限を持つ人が加害者の場合、会社の相談窓口や人事部に相談しても、取り合ってもらえないこともあります。そのような場合は、労働基準監督署や弁護士に相談しましょう。

事例

CASE

取引先から呼び出されて行くと、最初は仕事の話をしていたのが、身体をにさわられるように。「やめてください」と言うと「うちとの取引がなくなったら困るだろう?」と、関係を持つようほのめかされた。

取引先のこのような要求に応じる必要はありません。**取引先も男女雇用機会均等法の「職場」といえます。**刑法の不同意わいせつ罪、強要罪、迷惑防止条例違反などにあたる可能性があります。自分の会社に相談しても「取引先なので我慢して」などと言われ、まともに対応されない場合は、弁護士などの専門家に相談しましょう。

ANSWER

メモや日記を書いておく・録音する

セクハラされた場合、慰謝料の支払いを求めて訴える、警察に被害届を出すなどが考えられますが、争いになると証拠が必要になります。いつ、どこでどのようなことをされたかメモに残したり、相手に抗議するときは録音したりするようにしましょう。会社に相談する際も、客観的な証拠を確保しておくのが望ましいでしょう。メモは、具体的に書くことが重要です。後から書き加えたものと、そのときに書いたものでは差が出ます。その日のうちに親や友人にメールなどで送信しておけば、より信頼性が高まります。誰にも知られたくないときは、自分宛てにメールを送るのでもかまいません。

解説 セクハラ防止は企業の義務
. . . .

企業規模や職場の状況を問わず、事業主は、職場でのセクハラ防止のために次の措置を行うことが義務付けられています。

- 事業主の方針の明確化およびその周知、啓発
- 相談や苦情に対応するための体制の整備
- 職場のセクハラに対する適切かつ迅速な対応
- 相談者のプライバシーを守ること
- セクハラの相談をしたことで、その相談者を不当に扱わないこと

セクハラかコミュニケーションか

「どこからがセクハラなのか」「その服似合っているね、などと褒めることもダメなのか」などとよく聞かれます。セクハラかどうかは、当事者どうしの関係性に左右されるため、明確な線引きはできません。コミュニケーションが大事なことは理解できますが、職場で性的な話は必要ないはずです。「その服似合っているね」ということも、あえて言う必要はないのではないでしょうか。
もし、セクハラかどうか迷ったら、「そのことを言わなければ仕事上の不都合が生じるかどうか」について考えてみましょう。おそらく、ほとんどが必要ないことだと思います。

妊娠・出産によるマタハラ

子どもも仕事もどっちも大事にしたい

あなたを守る法律

男女雇用機会均等法 第11条の3 職場における妊娠、出産等に関する言動に起因する問題に関する雇用管理上の措置等

1 事業主は、職場において行われるその雇用する女性労働者に対する当該女性労働者が妊娠したこと、出産したこと、労働基準法第65条第1項の規定による休業を請求し、または同項もしくは同条第2項の規定による休業をしたことその他の妊娠または出産に関する事由であって厚生労働省令で定めるものに関する言動により当該女性労働者の就業環境が害されることのないよう、当該女性労働者からの相談に応じ、適切に対応するために必要な体制の整備その他の雇用管理上必要な措置を講じなければならない。

解説 妊娠・出産で会社にいられない!?
....

妊娠・出産・育児休業などの事由をきっかけに、不利益な取り扱いをしたり、嫌がらせをすることを「マタニティ・ハラスメント」（マタハラ）といいます。
マタハラは法律でも禁止されており、被害にあった場合、会社の相談窓口や組合、各都道府県の労働局などに相談しましょう。

マタハラの相談先

会社には、マタハラに関する相談窓口を設置する義務があります。まずはそちらに相談してみましょう。
しかし、相談しづらい、相談したのに動いてくれなかった、などの場合には、各都道府県の労働局へ相談し、職場へ助言や指導を行ってもらう方法があります。
それでもしつこく早期の復職を求められた場合や、復職を拒んだ結果、解雇や雇い止めなどの不利益な扱いを受けた場合には、労働局の「あっせん」を利用したり、裁判などを起こさざるをえない場合もあると考えられます。

会社に訴えても改善されないときの「あっせん」 ➡ P.165

［男女雇用機会均等法］第6条

事業主は、次に掲げる事項について、労働者の性別を理由として、差別的取り扱いをしてはならない。
①労働者の配置、昇進、降格および教育訓練

［男女雇用機会均等法］第9条　婚姻、妊娠、出産等を理由とする不利益取り扱いの禁止等（一部抜粋）

1　事業主は、女性労働者が婚姻し、妊娠し、または出産したことを退職理由として予定する定めをしてはならない。
2　事業主は、女性労働者が婚姻したことを理由として、解雇してはならない。
4　妊娠中の女性労働者および出産後1年を経過しない女性労働者に対してなされた解雇は、無効とする。ただし、事業主が当該解雇が前項に規定する事由を理由とする解雇でないことを証明したときは、この限りでない。

［労働基準法］第65条　産前産後

1　使用者は、6週間（多胎妊娠の場合にあっては、14週間）以内に出産する予定の女性が休業を請求した場合においては、その者を就業させてはならない。
2　使用者は、産後8週間を経過しない女性を就業させてはならない。ただし、産後6週間を経過した女性が請求した場合において、その者について医師が支障がないと認めた業務に就かせることは、差し支えない。
3　使用者は、妊娠中の女性が請求した場合においては、他の軽易な業務に転換させなければならない。

契約社員です。妊娠したため、産休を取ると職場に伝えたら、来月予定されていた次の契約更新はしないと言われた。

契約社員で、そもそも雇用期間が数年間とされている場合でも、妊娠を理由とした雇い止め（契約不更新）は禁止されています。職場に対し撤回を求めましょう。

手続き

妊娠を理由とした雇い止めにあったら

まずは手紙やメールで職場に対して「雇い止めを了承・承諾しない」という意思表示をしておくことが必要です。

そのうえで、出産・産褥期（さんじょく）を過ぎてから、職場に対し復職や賃金の支払いを求めて交渉や法的措置を考えることになるでしょう。

会社側の言い分として多いのは、「妊娠を理由にしたのではなく、雇用期間が満了したこと、勤務成績が不良だったことが理由である」ということです。

この言い分を覆すうえでは次のような資料が重要な証拠になりえるので、可能なかぎり準備しておくとよいでしょう。

- 自身の人事評価に関する書類
- 仕事の評価が記載されているメール、会話の録音
- 契約更新の予定や説明が書かれたメールや書類

これらの資料をそろえたら、職場に対して以下の点を伝えましょう。

- 雇い止めを承諾しないこと
- 以前と同じ条件で職場に復職させてほしいこと
- 子育てのために同じ条件での契約が難しい場合は、柔軟に契約条件を変更してほしいこと
- 復職できない期間の賃金を支払ってほしいこと

これに会社が応じないときは、まずは各都道府県の労働局が設けている総合労働相談コーナーへ相談し、労働局から会社に対してあなたを復職させるなどの助言・指導をしてもらいましょう。それでも会社が応じなければ、裁判等の法的手続きを検討しましょう。

CASE

出産して1カ月半。まだ体調がすぐれない。しかし会社から「人手不足なのですぐにでも復帰してほしい。別の人は出産後2週間くらいで復帰した」と連絡があった。言うとおりに復帰しないと元の業務には戻せないかもしれないとも言われた。

会社が出産後1カ月半で職場復帰を求めるのは、労働基準法違反です。体調がすぐれず勤務が困難であれば、会社にそのことを説明して断りましょう。それでもしつこく復職を求められたり、解雇などの不利益な取り扱いをほのめかすようなことがあったりしたら、各都道府県の労働局が設置している総合労働相談コーナーへ相談することもできます。

ANSWER

解説 早期復職を求められたら？

労働基準法では、出産予定日前6週間以内で労働者が求めた場合と、産後8週間の間には、女性を働かせてはいけないという規定があります（第65条第1項、第2項）。会社から産後8週間が経過する前に職場復帰するよう求められた場合は、当然断ることができます。

ただし、産後6週間が経過しており、なおかつ本人が希望した場合には、復職をさせてかまわない、とされています。

早期の職場復帰を断ったときに、会社が「復帰後のポストがなくなる」「そのような人間を会社は求めていない」などと、職場復帰をしないことで不利益になることをちらつかせた場合には、労働基準法違反に該当するだけでなく、刑法上の脅迫罪や強要罪にも該当する場合があります。

「不利益な取り扱い」とは？ ➡ P.164

CASE

産休・育休から復帰したら休む前と同じ仕事に戻れると考えていた。しかし復帰の1カ月前に連絡があり、配置転換で業務が変わるという連絡があった。以前は資格を生かした専門職だったが、復帰後は総務部で一般事務とのこと。給料も大幅に下がると言われた。

労働者が育休を取得したことを理由に、不利益な取り扱いをすることは禁止されています。解雇はもちろん、報酬が下がることも「不利益な取り扱い」です。仕事の内容が変わることについては、ただちに違法とまでは言えず、状況によります。

ANSWER

解説　「不利益な取り扱い」とは？

育休後に職場復帰をする際、給与の金額が育休前より下がると、原則として「不利益な取り扱い」に該当し、違法となる可能性が高いといえます。また、正社員から契約社員・パート社員への変更など、雇用形態を変えるのは「不利益変更」にあたる可能性が高いと考えられます。

ただし、合理的な理由がある場合は別です。たとえば、仕事量の減少が著しい、勤務時間がかぎられるなどです。

違法な「不利益な取り扱い」を受けた場合には、各都道府県の労働局が設置している総合労働相談コーナーへ相談し、職場へ助言・指導をしてもらいましょう。

職場復帰時には、育休前と同じ業務に復帰するのが原則です。

ただし、育休前後で担当する業務が異なることが、必ずしも「不利益な取り扱い」に該当するとはかぎりません。育休前のポストに他の従業員がついていて調整がつかなかったり、その業務自体がなくなっていたりする場合もあります。

もともと使用者には、労働者に対して転勤を命じたり、担当業務の変更を命じたりする権限もあります。しかし、勤務や担当業務の変更によって、育児に大きな支障が生じるような場合には、命令が無効になる場合もあります。

産休が終わるまでに子どもを預けられる保育園が見つからない。職場に産休を延ばしてほしいと言ったら、解雇だと言われた。

育児・介護休業法の規定により、原則、子どもが1歳になるまで育休を取得できます。保育園に入れないなどの事情がある場合、最長2年まで育休を取得することができます。ただし、法律で定められた育休期間が満了している場合は解雇の理由にあたらないとはいえません。

育休の基本ルール → P.170

育児・介護休業法 第10条　不利益取り扱いの禁止（要約）

事業主は、労働者が育児休業申出をし、または育児休業をしたことを理由として、当該労働者に対して解雇その他不利益な取り扱いをしてはならない。

育児・介護休業法 第22条　雇用環境の整備および雇用管理等に関する措置（一部抜粋）

2　事業主は、育児休業申出等および介護休業申出並びに育児休業および介護休業後における就業が円滑に行われるようにするため、育児休業、または介護休業をする労働者が雇用される事業所における労働者の配置その他の雇用管理、育児休業、または介護休業をしている労働者の職業能力の開発および向上等に関して、必要な措置を講ずるよう努めなければならない。

会社に訴えても改善されないときの「あっせん」

あっせんとは、労働者と使用者の間にトラブルが起きたとき、労働問題の専門家等が労働者と職場の双方から話を聞き、話し合いを促したり、解決案（あっせん案）を提示したりする無料の制度です。

各都道府県の労働局が行っているものと、労働委員会で行っているものがあります。

対象となる事件の種類がかぎられていますので、各窓口で尋ねてみてください。

利用したい場合は、各労働局の総合労働相談コーナーまたは都道府県労働委員会の個別労働紛争担当窓口へ問い合わせてみましょう。

ただし、あっせんには法的拘束力がありませんので、職場が応じなければ、裁判等の法的手続きを取らざるをえなくなります。

妊娠・出産による女性の心身の変化

妊娠は、卵子と精子が受精し、受精卵が子宮に着床することで成立します。排卵された卵子の寿命はたった1日です。一方、子宮の中に入った精子の寿命は3〜5日です。つまり、妊娠の可能性があるのは、排卵5日前から排卵当日のかぎられた期間です。この時期にセックスをして妊娠に至るのは20%くらいです。妊娠が確認された場合、15%くらいは流産に至ります。妊娠や流産のしやすさは年齢などによって異なりますが、1回のセックスで妊娠することもあれば、なかなか妊娠しないこともあります。妊娠を望んでセックスをしても一般的に1年以上妊娠しないことを「不妊症」といい、人工授精や体外受精などの不妊治療を受けられます。

妊娠と診断されたら、市区町村の保健センターなどで母子手帳を受け取ります。産婦人科で妊婦健診を定期的に受けてお母さんと赤ちゃんの健康状態を確認しましょう。妊娠、出産によって女性の心と体にはさまざまな変化や負担が生じます。通勤緩和や勤務中の休憩など、医師からの指示を働く女性が事業主に伝えるための「母性健康管理指導事項連絡カード」は産婦人科で発行できます。

妊娠初期（〜13週）
吐き気や眠気などのつわりの症状は個人差が大きい。嘔吐がひどく、水分が摂れない場合などは入院での治療が必要になることがある。

妊娠中期（14週〜27週）
胎盤が完成し、いわゆる「安定期」と呼ばれる時期だが、妊娠中の緊急事態はいつでも起こりうるため医学的に安定期はない。20週頃から胎動（赤ちゃんの動き）を感じる。

妊娠後期（28週〜）
日に日にお腹が大きくなり、歩行や寝返りなど日常動作の負担が大きくなる。妊娠糖尿病や妊娠高血圧症候群などの病気が悪化したり、貧血を生じたりすることがある。

「臨月は胎動がなくなる」というのはウソです。胎動が普段より少ないときや、性器出血や破水が起こった場合は産婦人科に連絡しましょう。妊

娠40週0日が「分娩予定日」です。通常は妊娠37週0日〜41週6日の「正期産」という期間に出産します。

経腟分娩

陣痛や破水が起こったら入院し、赤ちゃんの心拍などを確認しながら出産する。出産までにかかる時間は個人差が大きく、数時間の場合もあれば、数日かかる場合もある。場合によっては、腟から赤ちゃんの頭にカップなどをつけて引っ張り、産み出す力をサポートする「吸引分娩」や「鉗子分娩」が行われることがある。麻酔で痛みを和らげるいわゆる「無痛分娩」や、子宮収縮薬で計画的に陣痛を起こす「分娩誘発」や陣痛を強める「分娩促進」などが行われることもある。

帝王切開

医学的な適応（逆子、以前帝王切開をした、赤ちゃんの心拍数が下がった、など）があるときに行われる。通常は腰椎麻酔をかけて、下腹部を切開し、子宮から赤ちゃんを出し、創部を縫い合わせる（60分程度）。大量出血や血栓症のリスクがある。一般的に経腟分娩より産後の体の回復は遅く、時間を要することが多い。

出産の方法や痛みの程度によらず、どんな出産も唯一無二です。まさに命がけで、お母さんも赤ちゃんもかけがえのない存在です。

産後の生活

出産後は、子宮が収縮する痛みや、経腟分娩による腟や肛門付近の傷の痛み、帝王切開による傷の痛みなどが生じます。悪露と呼ばれる性器出血はしばらく続きます。出産後、ホルモンは急激に変化し、心身ともに疲労があるなか、頻回の授乳、抱っこ、おむつ替え、夜泣きの対応など、赤ちゃんとの新しい生活が始まります。赤ちゃんが病気や早産の場合は、NICU（新生児集中治療室）で治療や成長のサポートを受けます。

産後うつ

産後、睡眠不足や育児への不安によって気分が不安定になり、急に涙が止まらなくなることなどはよくあることですが、重度の気分の落ち込みや不眠、パニック、集中力や食欲の低下などさまざまな症状が続くことを「産後うつ病」といいます。少なくとも産後10％の女性が発症し、適切なケアや治療が必要になります。産後1ヶ月健診で問題がなくても、遅れて発症することもあります。母親の心身に起こる変化を理解し、育児や家事の役割を母親だけに押し付けず、負担を軽減し、心身とも回復するためのサポートを家族だけでなく社会全体で行う必要があります。

行き過ぎた指導はパワハラ

壊れるまで厳しく
する必要ないよ

（パワハラ防止法）第30条の2　雇用管理上の措置等

1　事業主は、職場において行われる優越的な関係を背景とした言動であって、業務上必要かつ相当な範囲を超えたものによりその雇用する労働者の就業環境が害されることのないよう、当該労働者からの相談に応じ、適切に対応するために必要な体制の整備その他の雇用管理上必要な措置を講じなければならない。

厚生労働省は、「パワー・ハラスメント」の定義を、①優越的な関係を背景とした言動であって、②業務上必要かつ相当な範囲を超えたものにより、③労働者の就業環境が害されるものであり、①〜③までの3つの要素をすべて満たすもの、と定めています。具体例として次の6つの類型が挙げられています。

- 身体的な攻撃・・・殴る、蹴る、物を投げつける
- 精神的な攻撃・・・人格を否定する言動、大勢の社員の面前での叱責　など
- 人間関係からの切り離し・・・長時間、別室へ隔離する　など
- 過大な要求・・・キャリアの浅い人や未経験者に無理難題な仕事をさせる　など
- 過小な要求・・・専門職の人に、専門外の単純作業を延々とさせる　など
- 個の侵害・・・個人情報を了解なしに他の人に暴露する　など

企業はパワハラ防止法（改正労働施策総合推進法）によってパワハラ防止のための措置をとることが義務づけられています。

パワハラもセクハラも、「相手を尊重しない」点で共通しており、「表裏一体の関係」といえます。そのため、同性にはパワハラ、異性にはセクハラをする人がいます。

手続き

パワハラにあった場合、会社への不信感があると、相談や内容が社内で広まることをおそれ、会社の相談窓口や労働組合などには相談できないかもしれません。そのような場合は、各都道府県の総合労働相談コーナーや弁護士に相談してください。双方の言い分が食い違う場合は、証拠が重要です。パワハラにあっていると感じたら、会話の録音、言われたことの記録、日頃から信頼できる同僚・先輩に相談するなど、具体的にどのような言動があったのかについて証拠を残しておきましょう。

ポイント

パワハラは、「指導」との区別が難しいのが特徴です。やる気がなかったり、いつも遅刻したり、同じ間違いを繰り返す社員に対し、多少厳しく指導したことがすべてパワハラというのでは仕事が成り立ちません。パワハラと言われることをおそれて放置すれば、社員全体の士気にも関わります。問題のある社員を指導する場合は、複数で対応する、指導記録を残す、その記録内容について双方が確認したというサインを残すなどして、必要で適切な指導だったという記録を残すことも重要です。

育休の基本ルール

夫婦で子育てしたい

── あなたを守る法律 ──

育児・介護休業法 **第5条　育児休業の申し出**（一部抜粋）

3　労働者は、その養育する1歳から1歳6カ月に達するまでの子について、次の各号のいずれにも該当する場合に限り、その事業主に申し出ることにより、育児休業をすることができる。

①当該申し出に係る子について、当該労働者、またはその配偶者が、当該子の1歳到達日において育児休業をしている場合

②当該子の1歳到達日後の期間について休業することが雇用の継続のために特に必要と認められる場合として厚生労働省令で定める場合に該当する場合

③当該子の1歳到達日後の期間において、この項の規定による申し出により育児休業をしたことがない場合

育児休業（育休）を取得しなかった労働者に対し、なぜ取得しなかったかという各種調査では、「職場が育児休業を取得しづらい雰囲気だった」という回答が一定数あるようです。

育休は、性別を問わずに取得できます。

育休の期間は「子が1歳に達するまでの間」と定められていますが、夫婦で取得する場合は1歳2カ月まで取得できます（パパ・ママ育休プラス）。

また通常、育児休業の取得は原則1回までですが、特別な事情がなくても、再度、男性が育児休業を取得できる制度があります（産後パパ育休）。これは、子の出生後8週間以内に4週間まで取得可能で、分割して2回取得することも可能です。

育休中の経済支援制度も

雇用保険に加入している人が育児休業をした場合、原則として休業開始時の賃金の67％（6カ月経過後は50％）の給付を受けることができます（育児休業給付）。今後は、さらに80％まで引き上げることが検討されています。

また、育児休業などをしている間の社会保険料が、被保険者本人負担分および事業主負担分ともに免除されます。そのほか、経済的支援の制度が複数あります。

改正育児・介護休業法では、男性の育児参加を促すことを目的に、事業主に対し、小学校就学前の子どもを養育する労働者が、育児に関する目的で利用できる休暇制度などを設けるよう努力することを義務づけました。入園式や運動会などの行事参加を促すためです。

> ポイント
>
> 育休に関する制度は短期間で変わる可能性があります。必ず厚生労働省や自治体のホームページで詳細を確認しましょう。

> 関連条文
>
> 育児・介護休業法 **第6条　育児休業申し出があった場合における事業主の義務等**
> （一部抜粋）
>
> 1　事業主は、労働者からの育児休業申し出があったときは、当該育児休業申出を拒むことができない。

男性の育児参加は夫婦の絆の要

法改正により、男性の育休取得を推進することが義務づけられました。出産したばかりの母親にとって、夫が育児を適切に担ってくれればどれほど助かるか……というところですが、大したことはせずに育児休暇が「単なる休暇」となり、「俺の飯は？」などと言ってかえって妻に負担をかける男性も少なくないのが実情です。

産後2〜3年の間に夫婦関係が悪化する「産後クライシス」の原因の一つに、「夫が育児をしないこと」が挙げられています。産後クライシスは離婚に直結しやすく、赤ちゃんを連れて離婚相談にくる女性は後を絶ちません。

女性は妊娠すると、食生活や活動自体が相当に制限されます。どんどんお腹も大きくなり、その過程で出産までに母親になる覚悟が備わってきますが、男性はそうした体験をしないので、なかなか自覚を持てない人も多いようです。出産までの間に、夫に「父親としての自覚」を持ってもらうよう育児の勉強や話し合いをしておきましょう。育児は「手伝う」ものではなく、「親として当然にやるべきこと」です。

解説 「女性はこうあるべき」「男性はこうあるべき」

「ジェンダー」とは、社会的につくりだされた性別・性差のことです。たとえば、「女の子はピンク、男の子はブルー」「仕事は男の役目、家事・育児は女の役目」といったものです。生物学的な意味での性別・性差とは意味が異なります。

「ジェンダー・ハラスメント」とは、固定的なジェンダー観に基づいて、差別的な取り扱いなどをすることです。「セクハラ」はその言動自体に性的な意味が含まれるのに対し、「ジェンダー・ハラスメント」は、その行為自体には性的な意味はあまり含まれません。

- 女性にだけ、通常の業務に加え、お茶くみ、清掃、来客の案内などをさせる
- 受付は女性のみ
- 「男は社会に出て必死で働き、女は家庭に入って、育児をするべきだ」などと、自分のジェンダー観を押しつける発言をする
- 男性の育休を認めない
- 男らしさを過度に強調し、力仕事ばかり負わせる、態度に力強さを求める
- 女性だから、と針仕事を押しつける

男性から女性に行われるものとかぎらず、同性間、性的指向や性自認が違う人に対しても行われる可能性があります。

· MARRIAGE ·

Chapter 6

結 婚
のトラブルと法律

TROUBLE CASES   AND   LEGAL TIPS

法律婚と事実婚

あなたとずっと一緒にいられますように

あなたを守る法律

(憲法) **第24条**

1　婚姻は、両性の合意のみに基づいて成立し、夫婦が同等の権利を有することを基本として、相互の協力により、維持されなければならない。
2　配偶者の選択、財産権、相続、住居の選定、離婚並びに婚姻および家族に関するその他の事項に関しては、法律は、個人の尊厳と両性の本質的平等に立脚して、制定されなければならない。

解説 　**婚姻の効力**
‥‥‥‥‥‥‥

結婚をすると、夫婦はそれぞれ以下の義務を負います。

- 夫婦同姓（民法第750条）‥‥婚姻すると、夫または妻の氏を名乗らなければなりません
- 夫婦の同居、協力、扶助の義務（民法第752条）‥‥夫婦は同居し、互いに協力し扶助しなければならない義務を負います
- 婚姻費用分担義務（民法第760条）‥‥夫婦は、その資産、収入その他一切の事情を考慮して、婚姻から生ずる費用を分担する義務を負います

婚姻の成立

法律上の婚姻が成立するためには、①婚姻する実質的意思、②婚姻届の提出、の両方が必要です。

①婚姻する実質的意思

憲法第24条第1項から導かれる要件で、婚姻届を作成する時期と提出する時期の両方に必要です。

②婚姻届の提出

当事者双方および成年の証人2人以上が署名した書面で、またはこれらの者から口頭でしなければならないと定められています（民法第739条第2項）。

手続き

婚姻適齢は男女問わず18歳に

婚姻適齢は従前、男性18歳、女性16歳とされていました。その理由は、「女性の方が心身の成熟が早い」ということだったようです。しかし、それ自体に疑問があることと、婚姻生活に必要なのは、心身の成熟度ではなく、社会的・経済的成熟度であり、そこに性差はないと考えられます。そのため、2022年4月から改正民法により、男女問わず18歳となりました。

ポイント

同性婚について

現在、同性の法律婚は認められていません。しかし、性の多様性などの観点から「認証制度」などを導入する自治体も増えてきました。最高裁は、同性の事実婚は異性の事実婚と同様に民法上の保護に値すると判断しました。

ポイント

結婚にメリットはあるの？

相続や税制面の優遇があります。このほか、日本人が外国人と法律婚をすれば、外国人に在留資格が生じえます。

また、医療機関によっては、手術などの合意を、親族のほか法律婚のパートナーに限定している場合があります。しかしこれは法律で定められているわけではありません。

事例
CASE

婚姻届の作成時には結婚の意思がありましたが、届け出までの間に相手の浮気が発覚したので結婚をやめることにしました。しかしすでに相手が勝手に婚姻届を出してしまいました……。

形式的には婚姻関係が成立しています。したがって、これを無効とする場合は、家庭裁判所に対して「婚姻無効確認調停」を行い、双方が合意すれば無効となりますが、合意できない場合は「婚姻無効確認訴訟」を行って無効が認められる判決を得ることが必要です。

解説 夫婦別姓について

法律婚の場合、夫婦はどちらかの姓を名乗ることが必要になりますが、夫婦別姓を求めて裁判所に提訴する人が後を絶ちません。このように姓を変更したくないことを理由に、事実婚を選ぶケースも増えています。

ただし、姓を同一にしたいと考えるカップルもいるため、現在「選択的夫婦別姓制度」の導入が検討されています。

この点について最高裁は、「夫婦同姓制度」が合憲である旨を判示しています。しかし、反対意見も述べられており、今後の国民意識の移り変わりによっては制度が変更される可能性もあります。

なお、事実婚の場合は別姓のままとなります。

「事実婚」とは、婚姻する意思があり、事実上の夫婦として生活しているものの、婚姻届を提出していないカップルの生活スタイルをいいます。

憲法第24条第1項は、「婚姻は両性の合意のみによって成立する」と定めていますので、当事者双方に婚姻意思があれば婚姻は成立します。「法律婚」としての保護を受けるためには、婚姻届の提出が必要ですが、さまざまな理由で事実婚を選ぶ人も増えていることもあり、法律婚と同様の一定の保護が受けられることになっています。

婚姻の成立 ➡ P.175

いざというときに必要な「事実婚の証拠」

客観的に証明ができなくても、本人たちが「事実婚」といえば、それは事実婚です。しかし、その権利を主張するときには、客観的な証拠があるかどうかが問題になってきます。

事実婚は、「事実上」の関係であるため、法律婚とは違う方法で関係を証明する必要があります。「どちらか一人が事実婚と思っていても、他方はそう思ってなかった！」ということも起こりえます。なんらかの書面を作成して、万が一のときに備えておくことが有効です。また、婚姻届を提出しないにしても親族・知人・職場関係者を招いて、結婚式・披露宴を挙げておくのもよいでしょう。

「事実婚」の証明に役立つものには、ほかに次のようなものがあります。

- 一方が他方の健康保険上の被扶養者になっている
- 一方が他方の生命保険の受取人になっている
- 住宅の賃貸契約で両者が共同賃借人になっている
- 住民票の続柄欄に「夫（未届）」「妻（未届）」と記載されている

同棲と事実婚の違いは？

同棲は、カップルが同居するだけで、夫婦として生活する意思まではない場合を指します。両者に「結婚している」という「意思」があるかどうかが、同棲と事実婚の最大の違いです。

事実婚と法律婚の違い

法律婚と同様の扱いを受けるもの	法律婚とは異なる扱いを受けるもの 事実婚のデメリット
● **同居・協力・扶助義務（民法第752条）** 法律婚と同様に、同居、協力、扶助義務があります。 ● **生活費分担義務（民法第760条）** 婚姻から生じる費用（婚姻費用）を収入等に応じて負担する義務があります。 ● **別れる場合の財産分与・慰謝料支払いの義務** 事実婚を解消する場合、法律婚と同様に、同居期間に築いた財産の分与や、関係解消の原因が一方の不法行為である場合等には、慰謝料を支払う義務が生じます。	● **法定相続人になれない** 事実婚状態がどれほど長くても、配偶者が亡くなったときに法定相続人にはなれません。そのため、生前に遺言をしたり、亡くなった後で「特別縁故者」という立場で相続財産を請求したりすることはできますが、法定相続人との間で争いになる可能性があります。 ● **子どもが生まれたときに、父は親権者になれない** 法律婚の場合は、原則として両親が親権者となりますが、事実婚の場合、父親は認知したうえで父母の協議で親権者を父と定めたときにかぎり、親権者になれます（民法第819条第4項）。母親は出産によって母となり、親権者と認められますが、それは出産の事実があるからです。 ● **税制面の優遇制度** 受けられません。

離婚した後、再婚は自由です。「再婚届」はなく、初婚時と同じ通常の婚姻届を役所に提出します。

養育費が減額する可能性がある

養育費を受け取っているほうが再婚して、再婚相手がその子どもと養子縁組をした場合、再婚相手が子どもの第一扶養義務者となりますので、前婚者からの養育費の減額や免除を求められる可能性があります。

再婚禁止期間は廃止　ポイント

これまで女性にだけ、離婚してから再婚するまでの期間制限がありました。再婚禁止期間といいます。女性が妊娠している場合、前夫の子なのか、再婚した夫の子なのか分からない、という事態を防ぐために定められたものです。再婚禁止期間は明治時代から長年、6カ月間とされていましたが、最高裁は、女性だけに過剰な制限を求める規定であり、100日を超える規定は憲法違反と判断しました。そのため、2016年に民法が改正され、再婚禁止期間は100日に短縮されました。

しかし、現在は妊娠中でも胎児のDNA鑑定が可能であることもあり、女性だけに再婚禁止期間を求めるのは不当であるという批判がありました。そこで、さらに民法が改正され、2024年4月1日から再婚禁止期間は廃止されました。したがって、再婚した時の夫が子の父となります。ただし、自分の子ではないという「嫡出否認の訴え」の期間が、1年から3年に延長されています。

関連条文

(民法) **第739条　婚姻の届出**

1　婚姻は、戸籍法（昭和22年法律第224号）の定めるところにより届け出ることによって、その効力を生ずる。

(国民年金法) **第5条　用語の定義**

7　この法律において、「配偶者」、「夫」および「妻」には、婚姻の届出をしていないが、事実上婚姻関係と同様の事情にある者を含むものとする。

婚約の取り消し

運命の人だと思ったの

あなたを守る法律

[民法] 第415条　債務不履行による損害賠償

1　債務者がその債務の本旨に従った履行をしないとき、または債務の履行が不能であるときは、債権者は、これによって生じた損害の賠償を請求することができる。ただし、その債務の不履行が契約その他の債務の発生原因および取引上の社会通念に照らして債務者の責めに帰することができない事由によるものであるときは、この限りでない。

婚約とは、当事者双方が将来、結婚することを約束（予約）している状態をいいます。双方の合意で成立し、特段他の条件があるわけではありません。

婚約したからといって、一方が嫌がっているのに結婚を強制することはできません。この場合、2人で話し合って婚約を解消するか、一方的に婚約を破棄することになります。婚約破棄に「正当な理由」があれば、慰謝料を支払う必要はありません。

婚約破棄の「正当な理由」の例には、次のものがあります。

- 相手が不貞行為（浮気）をした場合
- 侮辱・虐待された場合
- 相手が失業した場合
- 莫大な借金や前科、性的不能などの障害を隠していた場合

「正当な理由がない場合」には、性格の不一致、親の反対、人種や国籍などの出自に関わる差別などがあります。ただし、これらについてもさまざまな事情を総合的に考慮して判断されますので、ケースバイケースです。

事例

彼女と婚約していたのに、彼女の浮気が発覚しました。婚約破棄の慰謝料を請求したいのですが、彼女は「婚約なんかしていない」と言い張ります。どういう場合であれば、婚約していたと言えるのでしょうか？

一方が「婚約していない」と主張した場合は、「婚約している」と主張するほうが立証責任を負います。

交際しているカップルが、「いつか結婚したいね」などと話すことはあるでしょうが、それだけでは「婚約」とはいえません。結納を交わす、結婚式場を予約する、婚約指輪を購入する、結婚後の住宅を購入・賃貸するなどの事情があれば、婚約は認められやすいでしょう。また、両家の顔合わせをした、職場に「婚約者」として紹介した、結婚式場の下見に行った、同居しているなどの事情が複数ある場合も、婚約と認められる場合があります。

ANSWER

婚約者にお金をだまし取られた

お金よりも失いたくなかったもの

あなたを守る法律

刑法 第246条　詐欺

1　人を欺いて財物を交付させた者は、10年以下の懲役に処する。
2　前項の方法により、財産上不法の利益を得、または他人にこれを得
させた者も、同項と同様とする。

刑法の詐欺罪は経済犯なので、金品をだまし取る行為がなければ、刑法上の詐欺にはなりません。結婚詐欺が「詐欺罪」になるには、「結婚するつもりがないのに、結婚をエサに金品をだまし取った」ということが必要です。

そのため、仕事や学歴、年収などについて嘘をつかれても詐欺にはなりません。また、結婚できると一方的に信じて肉体関係を結んでも、犯罪にはなりません。

マッチングアプリでうそをつかれた ➡ P.78

しかし、民法の不法行為にあたる可能性はあります。貸したお金を返してもらう、だまされて傷ついたことに対する慰謝料を請求することはできます。

ただ、これも証拠が必要となるので、必ずしも請求が通るとはかぎりません。まずは直接、または第三者を介して交渉してみましょう。

刑法の詐欺罪は、次の点を満たすかどうかによって判断されます。

手続き

- 人をだましたり、嘘をついたりする
- だました被害者に勘違いをさせる
- 被害者が勘違いのために財産を渡す
- 加害者が被害者の財産を受け取る

刑法の詐欺罪が認められるには、加害者の行為が上記4つをすべて満たし、それらに因果関係があることを証明する必要があります。

たとえば「だますつもりはなかったが、被害者が勘違いをして代金を支払った」という場合は詐欺とはみなされません。

詐欺は証明することが難しい犯罪です。加害者側が「だますつもりはなかった」「被害者が勘違いしただけ」と主張した場合、そうでないことを証明するのがどうしても難しいためです。しかし、被害者が複数いるのであれば、証明がしやすくなる場合があります。

民事訴訟の場合、相手にお金を渡した経緯や金額などのさまざまな要素に問題がなかったかどうかを検証し、契約の無効や取り消し、慰謝料の支払いなどを主張していくことになります。

結婚しているのにほかの人とお付き合い

甘い夢は
いずれ溶けて
なくなるだけ

あなたを守る法律

民法 第770条　裁判上の離婚

1　夫婦の一方は、次に掲げる場合に限り、離婚の訴えを提起することができる。

①配偶者に不貞な行為があったとき。

⑤その他婚姻を継続し難い重大な事由があるとき。

解説 不倫のボーダーラインはどこ？

次のうち、法的に不倫と認められるのはどれだと思いますか？

　①仕事の打ち合わせで、夫が職場の女性と食事に行った
　②夫が性交渉までOKの風俗に通っている
　③夫が交際相手とキスをしたことが発覚した
　④夫が同僚の女性社員に片思い

離婚理由になる不倫は、「不貞行為」があった場合です。不貞行為とは、性交渉を指します。つまり法律上は、②だけが「不貞行為」となります。1回きりでも不貞行為です。

③は「不貞類似行為」として、「その他婚姻を継続し難い重大な事由があるとき」にあたる可能性があります。不貞類似行為とは、性交渉に類似する行為を行うことです。性交渉を最後まで行わなかったとしても、ホテルなどで裸や下着姿で抱き合ったりするだけでも不貞類似行為にあたることがあります。

①・④は、不貞行為にあたることはありませんが、妻が嫌だと感じるのであれば、いわゆる「性格の不一致」として離婚に至ることもありえます。

相手が結婚しているのを知っていたのにお付き合い。相手の配偶者にバレたら慰謝料を請求される？

事例

相手が既婚者と知りながら関係を持った場合、夫婦関係が破綻していなければ不法行為となりますが、破綻していれば不法行為ではないので、慰謝料を支払う必要はありません。
不倫相手が「もうすぐ離婚する」「別居していて夫婦関係は破綻している」と言っていても、本当に破綻しているとはかぎりません。
破綻しているかどうかは、別居の有無、別居期間の長さ、夫婦間の連絡の有無、離婚協議の有無など、総合的に判断されます。
不倫相手の甘い言葉は鵜呑みにしないようにしましょう。

ANSWER

独身とだまされていて、既婚者と知らずにお付き合いしていた。別れたけど、相手の配偶者にバレたら、慰謝料を請求される？

独身とだまされ、それを信じて交際していた場合、相手の配偶者から慰謝料請求されても、「独身とだまされて信じていた」ことを立証できれば、慰謝料を支払う必要はありません。ただし、独身と信じたことに過失があった場合は、慰謝料の支払い義務が生じる場合があります。
逆に、「独身」とだましていた相手に対しては、「貞操権侵害」を理由に、慰謝料請求できる可能性があります。

ANSWER

解説 貞操権侵害とは？

貞操権侵害とは、次のような事情があるときに成立する可能性があります。

- 既婚者であることを隠されていた
- 既婚者と知っていたが、相手側の違法性が著しく大きい
- 相手が自分と結婚すると言っていた

ただし、ケースごとに事情は異なります。必ず貞操権侵害に該当するとはかぎりません。

妻が不倫しているようなので、探偵に調査依頼したら、GPSは使えないので追跡調査が難しいと言われてしまいました。不倫を突き止めるためなら、許されるのではないでしょうか？

承諾なく他人の持ち物にGPSをつけることは、ストーカー規制法違反や、プライバシー侵害になるおそれがあります。GPSは、人の行動を簡単に把握できるもので、その人にとっては重大な権利侵害となります。不倫を突き止められればどんな手段でも許されるわけではありません。

ANSWER

GPSでの位置情報の取得もストーカー行為に P.22

パートナーが不倫していたら……

不貞行為が認められる場合、その配偶者は離婚を請求できるほか、相手の不貞行為によって生じた精神的な苦痛に対して慰謝料も請求することができます。
不貞行為を立証するには、配偶者以外の人と性行為があったことを証明する必要があります。不貞行為が行われている時期が長いほうが、違法性は強くなります。

メールやLINEなどのやりとりの履歴は、強力な証拠となることが多いです。不倫しているパートナーのスマホにそれらが残っている場合、写真を撮るなどして証拠化しておきましょう。探偵に依頼して不倫相手とホテルに入る場面を撮った写真も重要な証拠になります。

不倫が発覚したとたん目が覚めて反省し、夫婦関係を修復したいと言う人もいます。その申し出を受け入れられるかどうかについてはよく考え、話し合ってみましょう。婚姻期間の長さ、夫婦の年齢、財産の有無、子どもの有無、子どもの年齢などが、結論を出すにあたって大きな要素となるでしょう。
どうしたらいいのか判断できない場合、別居して冷却期間を置く、というのも一つの方法です。ただし、別居すると不倫相手と会いやすくなるうえ、別居期間が長くなれば、婚姻関係が破綻していると判断されるおそれもあります。別居期間中にどのようにコミュニケーションを取るのか、修復に向けた別居なのか、離婚に向けた別居なのか、別居の目的についても、別居前に話し合っておくのがよいでしょう。
なお、別居期間中は、収入が少なかったり、子どもと同居しているほうが「婚姻費用」という生活費を請求できる法律上の権利があります。

浮気と不倫の違いって？

「不倫」は婚姻関係にある場合に、一方の配偶者が第三者と性的関係を結ぶことです。
「浮気」は婚姻関係にない場合に、パートナーが第三者と性的関係を結ぶことです。
ただし、「不倫」を「浮気」と呼ぶこともあります。
どこから浮気になるかは、人それぞれですが、パートナーが疑わしい相手とランチに行ったからといって、慰謝料請求しても認められません。
不倫に対する慰謝料というのは、不倫によって「平和な結婚生活を送る権利」を侵害されたときに、配偶者やその不倫相手に対して請求することができるものです。

婚約中や事実婚の場合は、慰謝料を請求できる場合があります。法律婚の夫婦とまったく同じではありませんが、恋人関係よりは夫婦に近いと考えられるからです。

事実婚と法律婚の違い ➡ P.178

配偶者からの暴力・DV

大切な生活を
根っこから奪う

解説 内縁、性別、離婚を問わない

DV防止法では、「DVとは、配偶者からの身体に対する暴力（身体に対する不法な攻撃であって生命又は身体に危害を及ぼすもの）、またはこれに準ずる心身に有害な影響を及ぼす言動」と定義されています。

「配偶者」には内縁関係も含まれます。また、暴力を受けた後に離婚した場合にも、DV防止法は適用されます。「配偶者」は男女の性別を問いません。生活の本拠を共にする交際相手からの暴力について、この法律が準用されます。

身体的な暴力以外はすべてモラハラ ➡ P.191

いかなる暴力も犯罪です。暴力をふるわれたら、警察に連絡してかまいません。日頃から警察や自治体の担当部署、配偶者暴力相談支援センターなどで相談しておくと、万が一のときもスムーズです。

少しでも危険を感じたら積極的に110番してください。「大事でないと110番をしてはいけない」と思われがちですが、そのためらいが被害を生んでいる面もあります。結果的に危険なことが起きなかったとしても警察は怒りません。「夫に殴られそう」というだけで、駆けつけてくれます。現行犯逮捕もありえますが、夫婦間のことで、逮捕までは望まない人もたくさんいるので、よほどのことでないかぎり「いきなり逮捕！」ということはありません。

家庭内の暴力は立証が難しいことが多いので、録画、録音などの証拠を残しましょう。詳細を日記につけておくことも重要です。
必要があれば、警察等がシェルターを紹介してくれます。一定の要件を満たせば、配偶者が近づかないようにできる「保護命令」を裁判所に申し立てることができます。
2023年の改正配偶者暴力防止法（2024年4月1日施行）で、精神的暴力も保護命令の対象となり、被害者が保護される範囲が広がりました。
保護命令には、自分や子どもに近づくことを禁止する「接近禁止命令」や自宅から出ていくように命ずる「退去命令」があります。
ただしこの効力は1年間しかないことや、自分の主張がすべて相手に開示されることになりますので、弁護士や警察などと相談して申し立てるのがよいでしょう。

配偶者暴力相談支援センターは、DV被害者支援のための拠点となり、次の業務を行っています。

- 相談、または相談機関の紹介、カウンセリング
- 被害者および被害者の同伴する家族の緊急時における安全の確保およびその一時保護
- 被害者の自立生活促進のための就業促進、住宅確保、援護等に関する制度の利用についての情報提供、助言、関係機関との連絡調整　など
- 保護命令制度の利用についての情報提供、助言、関係機関への連絡　など
- 被害者を居住させ保護する施設の利用についての情報提供、助言、関係機関との連絡調整　など

さまざまな支援を行っていますので、自分に必要な相談をしてみましょう。

見えにくいこころの搾取・モラハラ

相手を信じたい気持ちが罠になる

解説 自覚のないこともあるモラハラ

「モラハラ」とは、「モラル・ハラスメント」の略で、倫理や道徳（モラル）に反する嫌がらせです。

モラハラをする人は、その自覚がない場合も少なくありません。モラハラを受けている側も、「これは自分のための指導だ」「自分が至らないからだ」などと思ってしまう場合もあり、改善が難しい場合も多いのが現実です。

モラハラは、性別を問わず加害者にも被害者にもなります。「男性だから我慢すべき」などと思う必要はありません。

広く捉えると、身体的な暴力以外はすべてモラハラと言ってよいでしょう。次のような行為が、モラハラの例に挙げられます。

言葉の暴力

- 「誰のおかげで飯食ってると思ってるんだ！」「なんの能力もないくせに」「お前なんか一人で生きていけないくせに」などと、配偶者を見下すことを言う
- 「ブス」「デブ」など、容姿についてことさらに悪く言う
- 携帯のチェックなど、不必要に交友関係や行動を監視、制限する
- 子どもに親を尊敬できなくなるようなことを言う

態度による暴力

- 配偶者の前でため息や舌打ち、支配的な態度に出る、無視をする

経済的な虐待

- 給料の額を教えない。ボーナスが出たかどうかも教えない
- 必要最低限の生活費も渡さない
- 相手の仕事の給料などを取り上げて渡さない

性行為の強要

- 「セックスは配偶者の義務だ」などと言って、気の進まない性行為を強要する
- 拒むと不機嫌になったり、無理にでも応じさせようとする
  （度が過ぎると身体的暴力になる場合があります）

モラハラの証明

相手が離婚を拒む場合は、調停離婚になることもありますが、その際は暴言を録音したり、嫌だったことを日記につけたり、メールなどのやりとりを保存したりしておくと、「婚姻を継続し難い重大な事由」の証拠になります。
モラハラも、改正DV法により、一定の場合は保護命令の対象になります。また、最近は夫婦トラブル等も警察は積極的に相談を受けていますので、恐怖心を感じることなどあったら迷わず相談しましょう。

手続き

別居、家庭内別居で夫婦といえない

同じ屋根の下にいても心はバラバラ

解説 夫婦といえない間柄

別居は、夫婦が別々に住んでいることを指します。離婚で争いになる場合、裁判所が離婚を認める基準の一つに「別居期間の長さ」がありますが、家庭内別居では別々に住んでいないので、別居とみなされないのが原則です。

そのため、「長年、家庭内別居の状態」といくら主張しても、それだけで「夫婦関係が破綻している」という判断はされません。「まったく会話がない」「お互い顔を合わせないように、生活の時間帯をズラしている」などの事情があれば、夫婦関係が悪化していたこと自体は認定される可能性があります。

CASE

家庭内別居中に相手が不倫をした。慰謝料請求は行いたい。

事例

ANSWER

家庭内別居は、「夫婦関係の破綻」とみなされない可能性が高いため、慰謝料請求が可能です。

単身赴任は別居扱いになる？

ポイント

単身赴任は基本的に夫婦関係の破綻の基準となる別居ではありません。状況によっては頻繁に自宅に帰るのが難しいこともあるからです。別居と認定することは困難な場合がほとんどだと考えられます。

CASE

配偶者の不倫。関係を見直すために別居することに。離婚も見据えて準備しておくべきことは？

事例

夫婦の共有財産の確認をすることが大事です。名義にかかわらず、預貯金の口座を把握する、解約返戻金のある生命保険の有無、生命保険のタイプ（学資保険を含む）、会社で財形貯蓄がないか、有価証券や車両の有無、などを確認しましょう。
子どもがいる場合は、転校するのか、生活費はどうするのか、働いている間に預ける場所はあるかどうかを確認します。別居した親と子どもの関わり方についても、約束事を決めておきましょう。
不倫の証拠も確保しておきましょう。

共有財産と財産分与 ➡ P.202

ANSWER

CASE

専業主婦だった自分にはすぐに十分な収入が見込めない。別居中は夫に生活費を頼める？

事例

「婚姻費用」を支払うべき法律上の義務があります。任意で渡してくれないようであれば、家裁に調停を申し立てるべきです。支払義務者が拒否しても、裁判所が「月〇万円払うように」と決めてくれます。支払われない場合、給与の差し押さえなどができます。

ANSWER

離婚の種類と手続き

わたしの幸せに向かう道へ進む

あなたを守る法律

民法 第763条 協議上の離婚

夫婦は、その協議で、離婚をすることができる。

民法 第770条 裁判上の離婚

1 夫婦の一方は、次に掲げる場合に限り、離婚の訴えを提起することができる。

（※要件は次ページ）

「離婚したい」と思っても、夫婦のどちらか一方の判断だけで、離婚することはできません。離婚には主に次の3つの方法があります。離婚のうち、協議離婚が全体の約90％、調停離婚が約8％、裁判離婚が約1％です。

協議離婚

お互いが離婚することに合意して、離婚届を提出することで成立する離婚です。離婚理由を問いません。

調停離婚

話し合いで離婚できないからといって、すぐ裁判をすることはできません。まずは家庭裁判所で、離婚について話し合う離婚調停を行う必要があります。家庭裁判所の中の小さな会議室のような部屋で、調停委員さんが話を取り持ちます。
あくまで話し合いですので、双方が合意することが必要です。一方が離婚を拒否したり、離婚意思が合致していても離婚条件が合わない場合は、離婚できません。

裁判離婚

調停離婚でも合意できなかったけれど、どうしても離婚したい場合は、裁判をするしかありません。裁判離婚を提起できるのは、民法第770条第1項に定められた次の5つの要件の一つ以上を満たす場合です。

　①配偶者に不貞な行為があったとき
　②配偶者から悪意で遺棄されたとき
　③配偶者の生死が3年以上明らかでないとき
　④配偶者が強度の精神病にかかり、回復の見込みがないとき
　⑤その他婚姻を継続し難い重大な事由があるとき

裁判離婚の要件のうち、①〜④に該当しない場合、⑤の「その他婚姻を継続し難い重大な事由があるとき」にあたるかどうかが問題となります。「性格の不一致」や、「DV」「子育てをしない」「酒癖が悪い」などがこれにあたります。
重要なのは、それぞれの理由によって「婚姻関係が破綻しているといえるか」という点です。離婚の原因があり、夫婦関係がすでに破綻していたり、夫婦関係の修復が困難なことを立証できれば、裁判で離婚することができます。

協議離婚の場合

離婚届を役所に提出します。子どもがいる場合、必ずどちらが親権者なのかを決めなければなりません。養育費や財産分与などの離婚条件については、公正証書にするのがおすすめです。公正証書にしておけば、たとえば養育費の支払いが滞った場合、ただちに給与差し押さえなどの手続きが可能になります。公正証書は、公証役場で作成します。

調停離婚の場合

調停離婚が成立すると、家庭裁判所が「調停調書」という書類を作ります。調停調書は、公正証書や裁判離婚の判決書と同様の効力があるので、養育費の支払いが滞った場合などに、差し押さえが可能になります。また、この調書があれば、離婚届に双方が署名・押印する必要はありません。一方が調書を持って役所に行けば、相手の署名・押印なしに離婚届を提出できます。

裁判離婚の場合

裁判離婚をすると、「判決書」が出ます。そして、離婚も訴訟である以上、控訴・上告できますので、判決を確定させることが必要です。判決が確定したら、「確定証明書」を家庭裁判所で出してもらいましょう。判決書と確定証明書を一緒に役所に持って行くと、相手の署名・押印なしに離婚届を提出できます。

結婚していたときの名前のままにしたい

離婚が成立すると、婚姻時に姓を変えた側は、自動的に旧姓に戻ります。結婚していたときの姓を名乗り続けたい場合、届出が必要です。期限は離婚のときから3カ月以内です。忘れないように離婚届と同時に届け出ましょう。

子どもの戸籍は自動的にうつらない

たとえば離婚で母親が旧姓に戻り、子どもの親権を持つ場合、母親は結婚時の戸籍から抜け、新しい戸籍を作りますが、子どもの戸籍はそのままではうつりません。新しい戸籍に子どもを入れるためには、まず子どもの苗字を母親の旧姓に変更する手続きが必要です。これを、「子の氏の変更許可の申し立て」といい、家庭裁判所に申し立てます。手続きは簡単ですので、裁判所のホームページを確認してください。子どもの苗字が母親の旧姓に変更されたら「審判書謄本」が交付されますので、それを持って役所に行き、「入籍届」の手続きをします。
父親が婚姻時に苗字を変更した場合も同じです。

離婚届は誰でも簡単に記入ができるうえ、夫婦2人が揃って提出する必要はありません。そのため、本人の意思に反して片方の配偶者が勝手に離婚の届け出をしてしまうことも可能です。

たとえば夫婦の仲が極度に悪化していたり、離婚の話し合いがなかなかまとまらず長引いていて早く不倫相手と再婚したい場合など、一方がさっさと届け出てしまうことがあります。

もし、本人の意思に反して離婚届が役所へ提出され、それが受理されてしまうと、形式上では協議離婚が成立してしまいます。

本来であれば、離婚合意のない離婚届出は無効になります。しかしいったんは協議離婚が成立しますので、離婚が成立したことを認めたくないときは、家庭裁判所に対して協議離婚の無効について調停を申し立てることが必要になります。

このような無断での離婚届出を防止するために、離婚届の不受理申出制度が存在します。

不受理申出制度とは?

配偶者が一方的に提出した離婚届を認めないときは、家庭裁判所での調停、または訴訟をすることになり、離婚の無効を確認するための手続きが大きな負担となります。

もし、配偶者から勝手に離婚届を出される心配がある場合は、早い段階で役所に対して離婚届の不受理申出をしておきましょう。

不受理の申出手続きは難しいものでなく、一度提出をしておくと、その取り下げを本人がしないかぎり有効です。そのため、本人の知らないところで離婚届が受理される心配はなくなります。

手続き

(家事事件手続法) 第268条 調停の成立および効力

1 　調停において当事者間に合意が成立し、これを調書に記載したときは、調停が成立したものとし、その記載は、確定判決と同一の効力を有する。

関連条文

調停ってどんなもの？

夫婦で話し合っても離婚ができない場合、家庭裁判所に調停を申し立てる方法があります。一般的に「離婚調停」といわれますが、正式には「夫婦関係調整調停」といいます。その中に、「離婚」と「円満」があり、「円満」の方は申し立て自体少ないですが、夫婦関係がうまくいかなくなった場合に家庭裁判所に間に入ってもらって、改善方法を探る話し合いをする調停です。「円満調停」が決裂して離婚になる場合もあれば、「離婚調停」をした結果、もう一度やり直すことになった、という場合もあります。

「離婚調停」というと、とても大変でおそろしい手続きと感じている方が多いようです。

しかし、家庭裁判所に行くとわかりますが、建物の中は普通の会社のような雰囲気です。裁判官や裁判所職員が仕事をするオフィスもあります。話し合いができない夫婦が来るところなので、待合室は別々になっています。待合室は、家庭裁判所によって異なりますが、長椅子がいくつか並べてあって、病院の待合室のよう

な雰囲気です。弁護士がついている場合は、待っている間に弁護士と話をしているのが通常ですが、弁護士をつけなくても大丈夫です。一人で来ている方は、読書をしたり仕事をしたりして、思い思いに過ごしています。

調停離婚の流れ

調停は、裁判所の中の小さな会議室のような部屋で話をします。調停委員2名が対応します。調停委員は40歳以上の有識者で、男女1名ずつがつきます。このほか、家庭裁判所の裁判官が必ず関与しており、調停委員2名、裁判官1名の「調停委員会」が構成されます。

裁判官は一人で何十件も事件を持っていますので、当事者の方の話を直接聞く機会は少なく、当事者の方はもっぱら2名の調停委員に対して話をします。

裁判官は、調停委員から、どのような話があったのかという報告を受け、事件全体を把握しています。そして、話し合いが行き詰まったり、双方の法的主張が異なる場合などには調停に出てきて、一定の見解を述べ、解決

への方向性を示します。

調停は、当事者が交互に話をします。通常は申し立て人が先で、約30分程度、調停の部屋で、2名の調停委員に対し、事情を説明し、調停委員からの質問等に答えます。その後、もう一方の当事者が調停の部屋に行き、自分の事情を約30分程度、説明します。

その際、最初に説明した方は、待合室で待機しますので、待ち時間はそれなりにあります。それを交互に繰り返し、概ね全部で2時間程度の話し合いがなされるのが1回の調停です。

回数を重ね、論点が絞られてくると、それぞれの話す時間が短くなり、出入りが頻繁になることが多いです。ただ、話が長い人などの場合、一人で1時間以上話す場合があります。調停委員は、双方が平等に話せるように配慮してくれますが、途中で話を遮ると感情が悪化することがあるため、時間をかけてその人を説得する場合もあり、一方が長々と待たされることもあります。

調停は、1カ月〜1カ月半に1回程度、開かれます。事案によっては、あえて3カ月くらい間を空けることもあります。離婚の場合、親権で激しく争ったり、財産が多かったりすると

長引く傾向にあります。だいたい5回〜10回くらい（半年〜1年半くらい）で終わります。話し合いがまとまって離婚となれば「調停成立」ですが、決裂すれば「調停不成立」で終了となります。

「調停不成立」の場合、一方がどうしても離婚したい場合は、離婚訴訟を提起するしかありません。

**面会交流調停と
婚姻費用分担請求調停**

離婚調停の中で、密接に関係するのが「面会交流調停」と「婚姻費用分担請求調停」です。

● **面会交流調停**

一方の親が子どもを連れて別居している場合に、もう一方の親が子どもと会う時のルールを決める調停です。一般に多い、母親が子どもを連れて別居するケースを例に説明しましょう。母親が別居に踏み切ったものの、「父子の交流はしっかりやりたい」という場合は、面会についての話し合いは比較的簡単にまとまります。その場合、別途「面会交流調停」を申し立てずに、「離婚調停」の内容の一つとしてまとまる場合もあります。

ただし、DVなどが原因で別居していたり、父子関係は良好なのに、妻が夫（子の父親）を嫌いで子連れ別居した場合などは、子どもを父親に会

わせることに抵抗があるので、かなり揉めることになります。その場合、家庭裁判所の調査官と呼ばれる専門職の職員が調査を行います。具体的には、当事者双方、子ども本人、子どもの通う学校や保育園等にヒアリングをして、子どもにとって最もよいと思える方法を報告書にまとめ、裁判官がそれを尊重しながら方向性を決めていきます。

それでも当事者双方が合意に達しない場合は、「審判」という簡易的な裁判に自動的に移行して、裁判所が面会の方法を決めます。

● **婚姻費用分担請求調停**

別居中の生活費の分担を決める調停です。双方の収入状況や、子の監護の有無などから、一方が他方に対して支払う生活費を裁判所で定める手続きです。

婚姻費用は、双方が同意すれば、金額に決まりはありません。ただし、別居に至る夫婦は感情が激しく対立していることが多いので、なかなか任意の話し合いでは決まらず、その場合に備えて家庭裁判所が作成した「算定表」が参考にされることが多いです。たとえば、会社員で年収300万円の母親が10歳の子を連れて別居した場合、会社員で年収1000万円の父親は、母親に対し、毎月16万〜18万円の婚姻費用を支払う必要があり

ます。

離婚相談の際、「私は専業主婦でお金がないので、別居はできない」と悩んでいる方がいます。しかし、婚姻費用分担請求調停を起こせば、生活費は確保できます。婚姻費用は「今」必要なお金ですから、申し立て時から効力が発生します。つまり、ある年の1月に申し立てて、合意できたのが6月の場合でも、1月に遡って支払ってもらうことができます。なお、婚姻費用分担請求調停も、相手と折り合いがつかずに不成立となった場合は、審判に移行して、裁判官が毎月の金額を決めてくれます。

離婚問題は、プライバシーに関わる部分が多く、依頼する弁護士との相性がとても重要な分野です。法律問題ではないことでも、親身になってしっかり話を聞いてくれる人を選ぶことが肝心です。その一方で、「こういう点が不利になるので、その考えはおすすめできません」というように、デメリットについても丁寧に説明することが結果的には依頼者の利益であり、弁護士の重要な仕事の一つです。「なんでも言うことを聞いてくれる弁護士」は、単なる伝言係でしかない場合もあります。信頼できる・相性の合う弁護士選びは、納得できる解決への第一歩です。

養育費・婚姻費用算定表（養育費・子1人・0～14歳の場合）

義務者の年収／万円

給与	自営
2,000	1,567
1,975	1,546
1,950	1,524
1,925	1,503
1,900	1,482
1,875	1,461
1,850	1,439
1,825	1,418
1,800	1,398
1,775	1,377
1,750	1,356
1,725	1,335
1,700	1,314
1,675	1,293
1,650	1,273
1,625	1,256
1,600	1,236
1,575	1,215
1,550	1,199
1,525	1,179
1,500	1,159
1,475	1,142
1,450	1,122
1,425	1,102
1,400	1,086
1,375	1,066
1,350	1,046
1,325	1,030
1,300	1,009
1,275	985
1,250	966
1,225	942
1,200	922
1,175	898
1,150	878
1,125	861
1,100	840
1,075	823
1,050	802
1,025	784
1,000	763
975	741
950	721
925	699
900	681
875	662
850	641
825	622
800	601
775	582
750	563
725	548
700	527
675	512
650	496
625	471
600	453
575	435
550	410
525	392
500	373
475	349
450	331
425	312
400	294
375	275
350	256
325	237
300	218
275	203
250	185
225	165
200	148
175	131
150	113
125	98
100	82
75	66
50	44
25	22
0	0

算定表の帯（養育費の月額）：
- 24～26万円
- 22～24万円
- 20～22万円
- 18～20万円
- 16～18万円
- 14～16万円
- 12～14万円
- 10～12万円
- 8～10万円
- 6～8万円
- 4～6万円
- 2～4万円
- 1～2万円
- 0～1万円

権利者の年収／万円

自営	0	22	44	66	82	98	113	131	148	165	185	203	218	237	256	275	294	312	331	349	373	392	410	435	453	471	496	512	527	548	563	582	601	622	641	662	681	699	721	741	763
給与	0	25	50	75	100	125	150	175	200	225	250	275	300	325	350	375	400	425	450	475	500	525	550	575	600	625	650	675	700	725	750	775	800	825	850	875	900	925	950	975	1000

養育費、婚姻費用の金額で揉めた場合、裁判所が作成、提案する算定表が基準になります。子どもの数や年齢に応じて、さまざまなパターンで提案されています。裁判所のホームページに掲載されており、「婚姻費用　養育費　算定表　裁判所」などと検索すれば出てきますので、参考にしてください。
（表は裁判所HPを基に作成）

共 有 財 産 と 財 産 分 与

夫婦で築いた財産は、
ぜんぶはんぶんこが基本

あなたを守る法律

民法 第768条　財産分与

1　協議上の離婚をした者の一方は、相手方に対して財産の分与を請求することができる。

2　前項の規定による財産の分与について、当事者間に協議が調わないとき、または協議をすることができないときは、当事者は、家庭裁判所に対して協議に代わる処分を請求することができる。ただし、離婚の時から2年を経過したときは、この限りでない。

3　前項の場合には、家庭裁判所は、当事者双方がその協力によって得た財産の額その他一切の事情を考慮して、分与をさせるべきかどうか並びに分与の額および方法を定める。

財産の分け方

婚姻期間中に、夫婦が協力して築いた財産（共有財産）を分けることを、「財産分与」といいます。分与の割合は、5対5で均等に分けるのが原則です。妻が専業主婦だとしても、夫と同等の権利を主張できます。妻が家事に専念することで夫は仕事に集中でき、その結果収入が得られると考えられるからです。

双方が納得するのであれば、どのように財産を分けてもかまいません。また、双方が合意できれば、口頭だけの合意でもかまいませんが、後日もめないように、公正証書などにしておくのがいいでしょう。

共有財産になるもの、ならないもの

現金や預貯金のほかに、不動産や車、積立型の生命保険の解約返戻金なども対象になります。名義がどちらか一方だけでも共有財産です。

結婚前に持っていた財産は、「夫婦で協力して築いた財産」ではないので、その人の「特有財産」となり、分与の対象にはなりません。また、相続財産や交通事故の慰謝料等も夫婦で協力して築いた財産ではないので、時期を問わず財産分与の対象にはなりません。

慰謝料との違い

慰謝料は、不貞行為やDVなどの不法行為があった場合に発生するものですので、財産分与とは別です。芸能人の離婚などで、「慰謝料1億円」などと報道されることがありますが、裁判の場合、慰謝料は1000万円が限度です。報道されている「慰謝料」は、財産分与も含まれているか、裁判ではなく任意で支払われたものでしょう。

ポイント

[民法] 第762条　夫婦間における財産の帰属
1　夫婦の一方が婚姻前から有する財産および婚姻中自己の名で得た財産は、その特有財産とする。
2　夫婦のいずれに属するか明らかでない財産は、その共有に属するものと推定する。

関連条文

夫婦のどちらが親権を持つ？

譲りたくないたからもの

あなたを守る法律

民法 第819条 離婚、または認知の場合の親権者

1 　父母が協議上の離婚をするときは、その協議で、その一方を親権者と定めなければならない。

2 　裁判上の離婚の場合には、裁判所は、父母の一方を親権者と定める。

5 　第1項、第3項、または前項の協議が調わないとき、または協議をすることができないときは、家庭裁判所は、父、または母の請求によって、協議に代わる審判をすることができる。

CASE — 自分に稼ぎがなくても親権は取れる？

ANSWER

経済力は基準の一つではありますが、それよりもどちらと暮らすのが子どもの利益か、ということが重要です。離婚すれば配偶者から養育費が支払われます。ひとり親に対する経済的支援制度もあります。少しずつ経済力をつけながら子育てすることは十分可能です。**経済力がない、ということだけで親権の適格性が否定されることはありません。**

CASE — 父親は親権が取れない？

ANSWER

「母親優先の原則」は、かなり強力であることは間違いありません。しかし、親権は、子どもの利益の観点から決められるものです。**子育てにどれほど積極的に関与してきたか、現在の子どもとの関係性は良好か、仕事が忙しい時期や出張の際、子育てのサポート体制は十分かなどの事情が重視されます。**総合的に判断した結果、父親が親権を取れるケースはあります。

一度親権者を決めると変更は難しい

父母の合意だけで親権者を指定できるのは、協議離婚だけです。どのかたちの離婚でも、いったん離婚届に親権者が記載されると、その後の変更は困難なケースが多いです。

[民法] **第818条　親権者**
1　成年に達しない子は、父母の親権に服する。
2　子が養子であるときは、養親の親権に服する。
3　親権は、父母の婚姻中は、父母が共同して行う。ただし、父母の一方が親権を行うことができないときは、他の一方が行う。

[民法] **第820条　監護および教育の権利義務**
親権を行う者は、子の利益のために子の監護および教育をする権利を有し、義務を負う。

養 育 費 が 払 わ れ な い

あ の 子 の こ と を 忘 れ な い で

あなたを守る法律

(家事事件手続法) **第289条　義務の履行状況の調査および**
履行の勧告

　1　義務を定める第39条の規定による審判をした家庭裁判所は、権利者
の申出があるときは、その審判で定められた義務の履行状況を調査し、義
務者に対し、その義務の履行を勧告することができる。

養育費は、両親が離婚した場合に、未成熟子が成長するために必要な金銭で、衣食住にかかる費用や教育費、医療費などを含みます。

離婚すると、親権を取得した側は、子育てに時間を取られ、十分な収入を得ることができないことが多いです。そのため、親権者ではない親が養育費を支払うケースが多くなっています。

養育費の払い方、金額、払い終わりの時期などは、父母が合意すれば自由に決められます。その場合、養育費を確実に支払ってもらうためにも、公正証書にしておくことが望ましいです。

しかし、そもそも父母の感情が対立して離婚に至ることが多いため、養育費の条件について揉める場合も少なくありません。そのような場合は、離婚調停を申し立てて、その中で養育費の条件を決めます。または、養育費以外の離婚条件で合意できるのであれば、家庭裁判所に対し、養育費請求調停を申し立てて養育費の条件を決めるのがおすすめです。

調停で合意に至らない場合は、審判という簡易な裁判に移行し、双方の資力状況に応じて裁判所が金額を決めてくれます。

養育費・婚姻費用算定表 → P.201

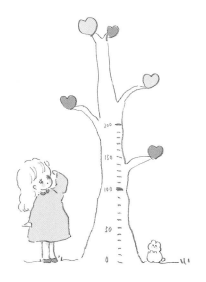

養育費が支払われないときは？

養育費が支払われなくなった場合、父母がなんら書面を交わしていなかったり、個人的な合意書を交わしているだけの場合、養育費請求調停を申し立てるなどの法的措置が必要になります。

● 履行勧告（家事事件手続法第289条）

家庭裁判所で養育費の条件について調停が成立したり、審判が出されていた場合は、まず裁判所にお願いして、相手に支払いを促してもらうことができます。家庭裁判所に電話をするだけでよく、無償です。支払いを強制はできませんが、支払い義務者が会社員の場合「このまま支払わないと給与が差し押さえられるおそれがあるので気をつけてください」と言われると、多くの場合は支払いに応じる傾向にあります。

● 履行命令（家事事件手続法第290条）

履行勧告を無視された場合、裁判所が支払わない相手に対し、支払うよう無料で命じてくれる制度です。相手がこれを正当な理由なしに無視すると、10万円以下の過料に処せられます。ただし、養育費を強制的に支払わせることはできません。

● 強制執行

それらの手段を講じても相手が支払わない場合は、強制執行するしかありません。ただし強制執行については、養育費の支払い条件について、公正証書を作成していたり、調停調書や審判書があることが前提です。したがって、将来、不払いになった場合に備え、強制執行ができる形にしておくことが重要です。

● 財産開示手続き

強制執行しようにも、離婚後、相手がどこに勤めていてどのくらい収入があるのかなどがわからない場合は、「財産開示手続き」を利用できます。この手続きで、支払い義務のある者が不誠実な対応をした時は（不出頭、虚偽申告など）、「6カ月以下の懲役または50万円以下の罰金」となります。

養育費の取り立てがしやすくなった

離婚時に子どもの養育費の取り決めをしていても、離婚後、支払わなくなり、財産を差し押さえしようとしても、どこに財産があるのか、今の居住地や勤務先がどこなのかもわからないため、泣き寝入りしなければならないケースがありました。

そこで、2020年4月から、養育費の取り立てがしやすくなるよう民事執行法が改正されました。
養育費の取り決めのある調停調書や公正証書がある場合、地方裁判所に申し立てると、裁判所が支払い義務者の預貯金の口座情報や勤務先の情報を、金融機関や市町村などから取得できるようになりました。

CASE

離婚して、2人の子供を育てているシングルマザーです。元夫は離婚後、転職して収入が2倍くらいになったようです。私はなかなか正社員になれなくて、収入は離婚時と変わりません。子どもの塾や習いごとにお金をかけてあげたいのですが、増額を請求できるでしょうか？

増額請求できます。元夫が任意で応じてくれない場合は、養育費増額調停を申し立てましょう。離婚時から収入が2倍になっているのであれば、離婚時とは事情が変わったといえますので、増額が認められるでしょう。

ANSWER

離婚して、一人暮らしをしている男性です。元妻との間に3人の子どもがいて、毎月決まった養育費を支払っています。実は重い病気になり、これまでどおりに働くことができず、収入が減りそうです。養育費の減額は可能でしょうか？

収入がどのくらい減るか、ということに左右されます。元妻が任意で減額に応じてくれればいいですが、拒否された場合は、養育費減額調停を申し立てるしかありません。その場合、離婚時から多少少なくなった、という程度では変更できません。

離婚して子どもの親権を取得し、前夫からは養育費をもらっています。その後、私は再婚。再婚相手（後夫）と私の子は、養子縁組をしました。この場合、前夫の養育費はそのままもらえますか？

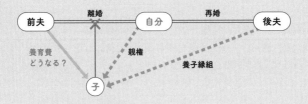

子どもの第一次扶養義務は後夫が負い、前夫は第二次扶養義務を負うことになります。後夫に経済力がない場合などを除き、前夫は実父ではありますが、扶養義務を負わないので、養育費を支払わなくてもいいことになります。ただし、前夫が「実子なので払い続けたい」というのであれば、受け取ることは自由です。
なお、後夫が養子縁組しない場合、後夫は法律上の扶養義務を負いませんので、引き続き前夫が養育費を負担することになります。

離婚して子どもの親権を取得し、シングルマザーとして子育てしています。前夫からは毎月決まった養育費が支払われています。ところが先日、前夫が別の女性と再婚し、子どもが生まれたことが判明。私の子は、これまでどおり、養育費を払ってもらえますか？

前夫が別の女性と結婚した場合、その女性に収入がなかったり、2人の間に子どもが生まれたりすれば、当然に前夫は新しい家庭の妻子について扶養義務を負います。その時の前夫の収入にもよりますが、これまでに払っていた養育費の金額は減る可能性が高いです。ただし、自動的に減るのではなく、話し合いや調停などで新たな金額を決めることになります。

パートナーに先立たれてしまった

いくら探しても、あの人はもういない

あなたを守る法律

民法 **第882条 相続開始の原因**

相続は、死亡によって開始する。

民法 **第890条 配偶者の相続権**（一部抜粋）

被相続人の配偶者は、常に相続人となる。

配偶者に先立たれたときにすべきこと

配偶者が自宅で亡くなったときはまず、かかりつけ医がいれば連絡しましょう。特に病気もなくて自宅で亡くなった場合は、救急車を呼ぶか、警察に連絡しましょう。死亡が確認されたら、死亡診断書や死体検案書を作成してもらいます。

事件性があれば、司法解剖などが必要な場合もあります。この死亡診断書は死亡届と一体になっていますので、死亡届に必要事項を記入して、配偶者が亡くなってから7日以内に役所に提出してください。

解説　相続するのはどんなもの？

配偶者が亡くなると、相続が始まります。財産の内容によって、相続財産になるものとならないものがあります。

たとえば、生命保険の死亡保険金は、保険契約の対価として支払われるので、相続の対象ではありません。ただし、相続税の対象にはなるので注意が必要です。

マイナスの財産に注意

「私の家は、貯金もないし、夫は借金してたくらいだから、相続は関係ない」というのは間違いです。借金や未払いの税金などの「マイナスの財産」も相続されます。

マイナスの財産が多い場合は、「相続放棄」（民法第915条）の手続きをすべきです。相続放棄すれば、配偶者が残した借金を支払う必要はありませんが、放棄しない場合は支払わなければなりません。

相続放棄は、「相続の開始を知ったとき」から3カ月以内に家庭裁判所で手続きをする必要があります。ほとんどの場合、配偶者であれば亡くなったことはすぐわかりますので、「亡くなってから3カ月以内」と覚えておきましょう。

財産の全容が不明で調査に時間がかかりそうなときは、家庭裁判所に相談すると期限を延長してくれる場合がありますので、遠慮なく相談しましょう。

なお、プラスの財産とマイナスの財産の両方があって、相続したほうがいいのか、相続放棄したほうがいいのかわからない場合は、専門家に相談しましょう。

内縁関係の場合は相続できない

配偶者には必ず相続権があります。しかし、内縁関係の場合は、どれほど親密であっても相続権はありません。ただし、法定相続人が一人もいない場合には「特別縁故者」として、相続財産を受け取れる場合があります。遺言があれば、相続財産を受け取ることができますので、生前に相続の話をしておきましょう。

再婚の場合や婚姻外の子がいる場合の相続

誰が相続するのかは、民法で定められています。相続人を確定するためには、亡くなった配偶者が生まれてから亡くなるまでの、すべての戸籍謄本を取得することが必要です。亡くなった配偶者が、実は家族に内緒で婚外子を認知している場合や、まったく知らない親戚がいたりしますので、注意が必要です。

夫が再婚で、前婚の妻との間に子どもがいたり、婚姻外で認知した子どもがいる場合、その子どもたちにも相続権があります。夫と疎遠でも、子どもの相続割合は全員平等です。また、認知していない子どもがいた場合、死後でも認知される可能性があり、その場合は相続権を主張できます。その子どもの相続の割合も、ほかの子どもと平等です。

ポイント

姻族終了

配偶者が亡くなった場合、配偶者の家族との関係を終了させることができます。その場合でも、相続には影響がありません。姻族を終了できるのは配偶者だけです。望んでいないのに亡くなった配偶者の家族から姻族を終了させられることはありません。

解説 **住む場所がなくなる!?**

2020年4月1日から施行された改正民法では「配偶者居住権（民法第1028条）」「配偶者短期居住権（民法第1037条）」という権利が設けられました。

これまでは、たとえば妻が夫名義の家で暮らしていたとき、夫の死後もそこに住み続けるためには、遺産分割や遺言書によってその不動産の所有権を取得する必要があり、不都合であることが問題となっていました。

改正法では、亡くなった人の配偶者が相続開始のときに遺産の建物に居住していた場合、遺産分割または遺言によって、その建物を無償で使用収益をする権利（配偶者居住権）を取得できるようになりました。

あくまで法律上の配偶者に認められているものなので、子どもや内縁関係の人には認められません。

ただし、場合によっては、デメリットが多いケースもありますので、専門家に相談しましょう。

（民法）**第887条　子およびその代襲者等の相続権**

1　被相続人の子は、相続人となる。
2　被相続人の子が、相続の開始以前に死亡したとき、または第891条の規定に該当し、もしくは廃除によって、その相続権を失ったときは、その者の子がこれを代襲して相続人となる。ただし、被相続人の直系卑属でない者は、この限りでない。
3　前項の規定は、代襲者が、相続の開始以前に死亡し、または第891条の規定に該当し、もしくは廃除によって、その代襲相続権を失った場合について準用する。

（民法）**第889条　直系尊属および兄弟姉妹の相続権**

1　次に掲げる者は、第887条の規定により相続人となるべき者がない場合には、次に掲げる順序の順位に従って相続人となる。
　①被相続人の直系尊属。ただし、親等の異なる者の間では、その近い者を先にする。
　②被相続人の兄弟姉妹
2　第887条第2項の規定は、前項第2号の場合について準用する。

（民法）**第900条　法定相続分**

同順位の相続人が数人あるときは、その相続分は、次の各号の定めるところによる。
　①子および配偶者が相続人であるときは、子の相続分および配偶者の相続分は、各2分の1とする。
　②配偶者および直系尊属が相続人であるときは、配偶者の相続分は、3分の2とし、直系尊属の相続分は、3分の1とする。
　③配偶者および兄弟姉妹が相続人であるときは、配偶者の相続分は、4分の3とし、兄弟姉妹の相続分は、4分の1とする。
　④子、直系尊属、または兄弟姉妹が数人あるときは、各自の相続分は、相等しいものとする。ただし、父母の一方のみを同じくする兄弟姉妹の相続分は、父母の双方を同じくする兄弟姉妹の相続分の2分の1とする。

（民法）**第901条　代襲相続人の相続分**

1　第887条第2項、または第3項の規定により相続人となる直系卑属の相続分は、その直系尊属が受けるべきであったものと同じとする。ただし、直系卑属が数人あるときは、その各自の直系尊属が受けるべきであった部分について、前条の規定に従ってその相続分を定める。
2　前項の規定は、第889条第2項の規定により兄弟姉妹の子が相続人となる場合について準用する。

（民法）**第1028条　配偶者居住権**（一部抜粋）

被相続人の配偶者は、被相続人の財産に属した建物に相続開始の時に居住していた場合において、次の各号のいずれかに該当するときは、その居住していた建物の全部について無償で使用および収益をする権利を取得する。
　①遺産の分割によって配偶者居住権を取得するものとされたとき。
　②配偶者居住権が遺贈の目的とされたとき。

（民法）**第1030条　配偶者居住権の存続期間**（一部抜粋）

配偶者居住権の存続期間は、配偶者の終身の間とする。

（民法）**第1035条　居住建物の返還等**（一部抜粋）

1　配偶者は、配偶者居住権が消滅したときは、居住建物の返還をしなければならない。

弁護士に相談って、どうすればいいの？

気軽に相談してOK！

弁護士は、「基本的人権を守り、社会正義を実現すること」を使命としている法律の専門家です。法律というその国のルールに基づいて、人々の自由、財産、健康などの権利を守るとともに、不正が行われることのないように、社会を見守り、みんなが安心して暮らせる社会になるよう仕事をしています。

ただ普通に生活していると、弁護士に相談する機会はあまりないので、ハードルが高く感じられる人も少なくないでしょう。そのせいか、かなり事態が悪化してから相談する方が多い印象です。

しかし病気と同じで、早く相談するほど、早く解決する可能性が高いです。「弁護士に相談するほどのことではない」と思い込まずに、気軽に相談することをおすすめします。相談した結果、「たいしたことではない」とわかれば、無用な不安を抱き続けずにすみます。逆に「重大なことと

判明」した場合は、すぐに弁護士が対処できます。

相談のコツ

①関係のある書類・資料はすべて持参しよう

事実の経過や契約の内容などを正確に把握するためには、いろいろな書類を確認する必要があります。また、メールやLINEのやりとりなども、重要な証拠であることが増えていますので、スクショしておいてください。関係のありそうな書類や資料は、すべて、相談の際に持って行くのがよいでしょう。

契約書などの原本には、直接書き込みをしたり、破ったりしないようにしましょう。

②出来事を時系列に並べたメモ

弁護士に事実の経過を正しく理解してもらい、的確なアドバイスを受けるためには、出来事を時系列に並べたメモを作成し、このメモに基づいて相談をするとよいでしょう。

ただし、時間がなかったり、つらく

てメモを作れないときは無理する必要はありません。相談時に口頭で説明しましょう。

③事実をありのままに
弁護士は、事実を正確に把握しないと、的確なアドバイスをすることができません。弁護士はあなたの秘密を守りますので、自分にとって不利だと思われることや、恥ずかしくて言いにくいことも、ありのままに伝えましょう。
また、自分ではささいなことと思っていても、弁護士の目から見れば重要なこともありますので、自分で判断せずに、なんでも話しましょう。

どんな弁護士さんに
お願いしたらいいの？

「どのように弁護士を選んだらいいのですか？」「いい弁護士ってどう判断したらいいのですか？」ということをよく聞かれます。
弁護士は、法律問題についてなんでもわかるわけではありません。医師と同じで、それぞれに専門分野や得意分野があります。まずは、専門分野を確認しましょう。

専門分野の知識があっても、弁護士も相談者も人間ですから、合う・合わない、は常に問題になります。「話しやすい人か」「どんなことでも話し

てみようと思えるか」「きちんと自分の話を聞いてくれるか」「人として相性が合いそうか」というのが、ひとつの判断基準です。どれほど素晴らしい専門知識があっても、「話したくない」人とは良好な関係を築くことができず、結果的に不利益を被るおそれもあります。

相談事項について専門分野が合致し、実際に会ってみて「話しやすい」「良好な関係を築けそう」と思ったら、思い切って依頼してもいいでしょう。弁護士との契約は「委任契約」ですから、嫌になったらいつでも理由なしに解除できます。

セカンドオピニオンを
聞いていいの？

病院と同じで、ほかの弁護士にセカンドオピニオンを求めても、まったく問題ありません。一度相談したからといって、その弁護士に「他の弁護士に意見を聞いてもいいか？」などと、断りを入れる必要もありません。いろんな弁護士の意見を聞いてみたいとか、相談した弁護士の考え方や態度に疑問がある場合など、遠慮なくセカンドオピニオンを求めましょう。
長きにわたって一緒に闘っていく可能性があるのですから、「この人なら」と思える人を選んでください。

弁護士さんに相談するのは
お金がかかる？

相談費用が払えない……？

「ちょっと話をするだけで何万円もかかるのでは？」と聞かれることもありますが、そんなことはありません。事務所によって基準は違いますが、相談だけの場合、30分で5000円（税別）、というのが一般的です。事前に相談料がいくらなのか、聞いてみましょう。インターネットで検索して専門分野を調べ、事務所に直接問い合わせてもいいですし、弁護士会や法テラス（日本司法支援センター）の法律相談に問い合わせてみるのもいいでしょう。

「DV夫と離婚したい」「兄弟姉妹の仲が悪いので相続でもめそう」「犯罪被害にあって刑事裁判に関わることになった」といったような場合、自らの権利を守るためにも弁護士に依頼したほうがよいケースはたくさんあります。お金がない場合でも、弁護士費用を援助する制度がありますので、利用できるかどうか問い合わせてみましょう。

離婚や相続などの
民事・家事事件の場合

無料法律相談
法テラスは、国によって設立された法的トラブル解決のための「総合案内所」です。
一定の資力基準を満たす場合、法律相談を3回まで無料で受けられます。資力基準は、居住エリアや家族の人数等によって異なりますので、法テラスの公式ホームページで確認してください。

民事法律扶助制度
相談だけでなく、実際に事件を依頼する場合には、資力に関する基準を満たすと、法テラスが弁護士費用を立替払いする「民事法律扶助制度」があります。通常の弁護士費用よりもかなり安く基準が定められています。法テラス、弁護士、利用者の三者契約です。法テラスが弁護士に直接弁護士費用を支払い、利用者は月々5000円〜1万円を分割返済します。生活保護受給中の場合など、返済義務が免除される場合もあります。

犯罪被害にあった場合

日弁連委託援助制度

犯罪被害者やご遺族のために活動する弁護士に、依頼者に代わって弁護士費用を支払う制度です。対象となる犯罪は、殺人や傷害、性犯罪、ストーカーなどの生命、身体犯です。詐欺罪や窃盗罪などの経済犯は対象外です（ただし、下着泥棒などの場合、対象となる場合もあります）。原則、預貯金や手持ちの現金が300万円以下である場合に利用できます。依頼できる活動内容は、加害者の告訴・告発、法廷傍聴付き添い、加害者側から示談の申し出があったときの交渉、報道機関からの取材対応などです。

国選被害者参加弁護士制度

加害者が起訴された場合、被害者は裁判に出席して、被告人に直接質問したり、検察官とは別に求刑を求めたりすることができます。これを「被害者参加」といいます。被害者の預貯金などが200万円以下の場合、国選で弁護士をつけることができ、弁護士費用は国から支払われます。これを「国選被害者参加弁護士制度」といいます。対象となる犯罪は、殺人、性被害、交通事故などですので、検察官や弁護士に確認しましょう。

国選被害者参加弁護士は、被害者参加に関する活動を全面的にサポートします。
なお、被害者参加をして出廷すると、被害者には交通費・日当が支払われます。宿泊の必要がある場合は、宿泊費も支払われます。

おわりに

　世の中のあらゆることが、凄まじいスピードで変わっています。

　慣れ親しんだ生活や環境が、自分の意思やペースに関係なく変わっていくのはつらいことです。

　新しいことが全てよいこととはかぎりません。物事には必ずデメリットもあります。「負の側面」にどう対応するか、というのは難しい問題です。

　「物」で、生活に最も影響を及ぼしたのはスマートフォンだと思います。

　簡単に連絡が取れ、いろいろな調べごとができ、音楽や映画を楽しんだりできる万能なツールといえるのではないでしょうか。

　しかし、SNSでのいじめ、子どもの健康被害、盗撮や闇サイトなどの犯罪、誹謗中傷、多くの問題が生じているのも事実です。

　「国民意識」で最も変わってきたのは、「性暴力」に関する考え方だと思います。

　以前は「愛情表現」「セクハラ」で済まされたことが、「そうではない」という認識が高まり、2023年には性犯罪について大幅な法改正が行われました。

　教職員から子どもたちへの性暴力を防ぐための「教職員性暴力防止法」が出来たことは、「学校」という聖域にメスが入ったことだと感じています。「日本版DBS」の成立も遠くなさそうです。

　芸能界での性暴力も次々と明らかになり、男性も被害者になることが認知されました。

　これらのことに、法律が追いついていくのはかなり大変なことです。

　それでもここ数年、多くの法律が、現実に即したものに改正されたり、新設されたりしています。今後はもっと、スピードアップが求められるでしょう。

そのためには、私たちが世の中で起きているさまざまなことに関心を持ち、誰も取り残されない社会にするには具体的に何が必要か、「自分ごと」として考え、提案していくことが重要です。本書では、多数の事例や条文を紹介していますので、その「気づき」のきっかけになることを願います。

　最後になりましたが、『おとめ六法』に続き、今回の企画をご提案いただき、予定通り書き上がらない原稿を辛抱強く待ち、励まし続けてくださったKADOKAWAの伊藤瞳さんには、心から感謝を申し上げます。
　かわいらしく心の和むたくさんのイラストを描いてくださったCahoさんには、感謝の気持ちでいっぱいです。重いテーマのページも、優しく包んでくださり、どれほどイラストに助けられたか計り知れません。
　また、コラムの執筆を引き受けてくださった、産婦人科医の遠見才希子さん、元刑事の佐々木成三さん、池袋暴走事故のご遺族の松永拓也さん、本当にありがとうございました。それぞれの立場で、大事なことを分かりやすく書いていただき、多くの方の助けになると期待しています。
　本書のリーガルチェックを引き受けてくださった弁護士の檜垣智子さん、本書を読みやすくデザインしてくださったAPRONさん、大変お世話になりました。

　本書が多くの人のお役に立つことを願ってやみません。

2024年4月

弁護士　上谷さくら

本書にご協力
くださった方々

CONTRIBUTORS

著者
AUTHOR

上谷さくら

弁護士（第一東京弁護士会所属）。犯罪被害者支援弁護士
フォーラム事務次長。第一東京弁護士会犯罪被害者に関す
る委員会委員。元・青山学院大学法科大学院実務家教員。
福岡県出身。青山学院大学法学部卒。毎日新聞記者を経て、
2007年弁護士登録。保護司。

イラスト
ILLUSTRATIONS

Caho

ふわふわキラキラ、女の子の等身大の恋する気持ちをキュ
ートに表現するイラストレーター。商品化多数のほか、コ
ラボカフェや有名キャラクターとのコラボグッズ、海外で
の展示など、その活躍は多岐にわたる。
X（旧Twitter）:@chico0811
Instagram:@caho0811

遠見才希子

産婦人科専門医。聖マリアンナ医科大卒業。大学時代から全国の中学校や高校で性教育の講演活動を行っている。著書に『だいじ だいじ どーこだ？』（大泉書店）、『わたしの心と体を守る本 マンガでわかる！ 性と体の大切なこと』（KADOKAWA）など。

佐々木成三

元埼玉県警捜査一課刑事。数多くの事件に携わる。現在は犯罪や防犯のコメンテーターや評論家として多方面で活躍。著書多数。

松永拓也

2019年4月に発生した池袋暴走事故で妻と娘を亡くした遺族。（一社）関東交通犯罪遺族の会副代表理事。交通事故撲滅、被害者支援拡充、誹謗中傷問題等について活動。

寄稿
GUEST AUTHORS

檜垣智子

弁護士（神奈川県弁護士会所属）。上智大学法学部国際関係法学科卒業。横浜国立大学大学院国際社会科学研究科法曹実務専攻修了。2010年弁護士登録。

協力
LEGAL REVIEW

Design: APRON（植草可純、前田歩来）
DTP: 有限会社エヴリ・シンク
Proofreader: 鷗来堂
Composition: 伊藤瞳

STAFF

新おとめ六法

2024年4月18日　初版発行

著者／上谷さくら

発行者／山下直久

発行／株式会社KADOKAWA

〒102-8177　東京都千代田区富士見2-13-3

電話　0570-002-301（ナビダイヤル）

印刷所／図書印刷株式会社

製本所／図書印刷株式会社

本書の無断複製（コピー、スキャン、デジタル化等）並びに
無断複製物の譲渡および配信は、著作権法上での例外を除き禁じられています。
また、本書を代行業者などの第三者に依頼して複製する行為は、
たとえ個人や家庭内での利用であっても一切認められておりません。

【お問い合わせ】
https://www.kadokawa.co.jp/
（「お問い合わせ」へお進みください）
※内容によっては、お答えできない場合があります。
※サポートは日本国内のみとさせていただきます。
※Japanese text only

定価はカバーに表示してあります。

©Sakura Kamitani 2024 Printed in Japan
ISBN 978-4-04-606522-3 C0032